MATTHES & SEITZ BERLIN

PAPERBACK

László F. Földényi

CASPAR DAVID FRIEDRICH

Die Nachtseite der Malerei

Aus dem Ungarischen übersetzt
von Hans Skirecki

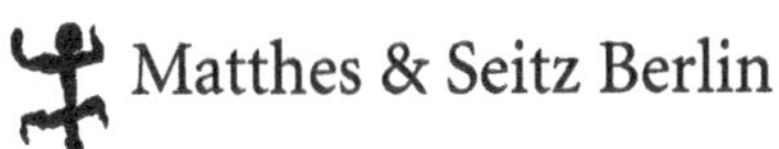

INHALT

Ein Wesen wohnt in meinem Innern
Was immer himmelan mich hebt
Hoch über Erd und Weltgetümmel,
Und immer nach dem Lichte strebt,
Mit ganzem Herzen, Seele, Sinn und Liebe
    Jesum Christum ist ergeben.

Ein Wollen wohnt in meinem Busen,
Was fest mich an der Erde bannt,
Mich fest in Sünden hält gefangen,
Und immer an dem Irdschen hangt,
Denn ist mein Thun, mein ganzes Leben
Nur eitle Thorheit, eitles Streben.

So schwank ich zwischen Gut und Bösen,
    Gleich einem Rohr vom Wind bewegt,
Bald heb ich mich zum Licht empor,
Bald sink ich in des Abgrunds Tiefen;
So wie's im Herzen fromm sich regt,
Wie sich's im Busen wild bewegt.

CASPAR DAVID FRIEDRICH

Zum ersten Mal begegnete ich Friedrichs Bildern im Frühjahr 1974 in Dresden, wo anlässlich seines zweihundertsten Geburtstags eine Lebenswerkausstellung stattfand – und ich hatte das Gefühl, einen geeigneteren Zeitpunkt hätte mir der Zufall nicht bieten können. Ich befand mich auf der Flucht vor mir selbst. Friedrichs Bilder, von denen ich noch nie gehört hatte, schienen mir helfen zu wollen. Sie verhießen nicht nur eine sichere Zukunft, sondern auch stetige Erlösung; durch den Schleier, in den sie mich sogleich hüllten, wirkte alles vielversprechend. Wie auf einer nächtlichen Landstraße wogte watteartiger Nebel aus den Bildern, doch das war nicht erschreckend. Irgendwo am Ende des Weges wird sich alles klären, dachte ich und ließ mich bereitwillig in Friedrichs Welt locken.

Später erst stellte sich heraus, dass meine bedingungslose Zuversicht übereilt war. Anfangs schien alles einfach und offenkundig. Die Bilder sind zwar rätselhaft, sagte ich mir, aber wenn ich dem Rätsel auf den Grund gehe, wird sich auch die rätselhafte Verworrenheit meiner Verhältnisse legen und werde ich mein Leben klar sehen. Der Glaube spornte mich an: Gern hätte ich das Leben als ein Kreuzworträtsel betrachtet, das über kurz oder lang gelöst werden kann. Aber die Lösung geriet immer mehr ins Stocken. Friedrichs anfangs so hilfsbereite Gemälde verweigerten die Hilfe. Der Nebel wurde dichter, der Weg immer mysteriöser. Es gibt die einen, die bauen das Labyrinth, und es gibt die anderen, die verirren sich darin, dachte ich bei mir und ordnete Friedrich bei den letzteren ein. Ich war enttäuscht; denn ist Hilfe von einem zu erwarten, der selbst der Hilfe bedarf?

Später verbrachte ich mehrere Winter auf Rügen, der Insel, nach der auch Friedrich in Dresden ewiges Heimweh empfand, ohne letztlich die Reise anzutreten. Ich suchte weiter nach mir. Der erste Winter endete mit einer Schlappe, aber der zweite ordnete mein Leben für einige Jahre. Das basaltgraue Meer, die großen verschneiten Gesteinsbocken, die stummen Kreidefelsen, die Kiefern- und Eichenwälder, die heidnischen Hünengräber, die sich unergründlichen Botschaften gleich in ihnen verstecken, die handtellergroßen Schneeflocken, die über die nächtliche See wirbeln, die Umrisse von Kap Arkona, die zum Trocknen aufgespannten, mit Raureif überzogenen Fischernetze und die niedrig ziehenden Wolken erinnerten mich an Friedrich. Ich hatte das Labyrinth gesucht und dabei die Bilder vergessen. Im einsamen Wald an der aus dem Meer ragenden Kreideküste, wo der leise Schneefall und die laute Brandung die Stille noch vertieften, fühlte ich mich trotz der Kälte zu Hause, und ich musste daran denken, dass Friedrich nicht diese Welt gemalt hatte: aus ihr gab es einen Rückweg. Seine Bilder sind viel kälter als sie, befällt einen doch schon beim Betrachten seiner Sommerlandschaften ein Frösteln.[1]

Doch das Frösteln kommt nicht nur von der Kälte, es kommt auch von dem unsichtbaren Blick, der sich auf uns, die Betrachter seiner Bilder, richtet. Einem Blick, der uns trügerisch hinhält, während er uns gar nicht wahrnimmt. Es ist, als wäre schillerndes Papier vor die Bilder gespannt: Wir sehen etwas anderes, als wir gerne sähen. Das wurde mir aber erst später klar; ich sah in den Bildern nur das, wonach ich mich sehnte – und es war, als wäre ich damit selbst hinter das Schillernde geraten. Ich verfitzte mich in dem Rätsel, das ich anfangs für lösbar gehalten hatte. Nach dem Schnee am Meer erwarteten mich in Ungarn Regen und Matsch, und den einsamen Wald lösten Hast und Eile ab. Ich sah ein, dass es eitle Hoffnung war, von diesen Bildern Hilfe zu erwarten. Denn Friedrich ist nicht nur der Gefangene eines Labyrinths, er hat es obendrein auch selbst gebaut. Hilfe kann er nicht gewähren, sucht er doch selber nach einem Halt; auch er scheint vor sich selbst zu flüchten. Ein solcher Mensch eignet sich kaum zum Lotsen; er gehört zu denen, die so hartnäckig die Erlösung suchen, dass sie nicht bemerken, dass sie aus allem ausgesperrt sind. Auf solche Leute sollte man nicht hören, sie verführen, ohne außer ständiger Irreführung irgendetwas zu bieten. Denn die Schutzlosigkeit, wie sie am intensivsten wohl die Erinnerung an einen Schwan am verschneiten Strand bei Saßnitz ausdrückt, ist kaum als Ersatz zu bezeichnen.

DAS AUGE

Zwei Gesichter blicken aus den beiden Fenstern des Ateliers.[1]

Aus dem linken Fenster ist die Dresdener Augustusbrücke zu sehen, dahinter, am jenseitigen Elbufer, eine zum Königlichen Marstall gehörende Wiese. Auf dem Fluss herrscht lebhafter Verkehr, Schiffe schwimmen in beide Richtungen. Am diesseitigen Ufer wartet eine Frau, neben ihr liegt ein Anker: das Zeichen des sicheren Erreichens des Ziels. Neben dem Anker bearbeitete Steine, sicherlich für den Abtransport zu einem Hausbau bestimmt. Drinnen hängt neben dem Fenster ein Spiegel, darin sehen wir die Ateliertür. Neben dem Spiegel hängt ein Schlüssel, bestimmt der zur Tür. Und auf dem Fensterbrett einen Briefumschlag. Darauf die Anschrift: »Dem Herrn C. D. Friedrich in Dresden vor dem Pirnaschen Tor«.

Denn das Atelier gehört Friedrich, und er ist es, der aus dem linken Fenster blickt. Aufmerksam betrachtet er die Landschaft; den Kopf hält er leicht gedreht, was darauf hinweist, dass er sich konzentriert. Wahrscheinlich entgeht ihm trotzdem nichts. Das gepflegte Haar ist ein Zeichen der auf das Äußere verwendeten Sorgfalt, die edlen Gesichtszüge zeugen von einem gesunden Verhältnis zur Welt. Der Blick freilich ist verschlossen, aber nicht mehr als bei jedem Menschen, der ernsthaft auf etwas zu achten versteht – auf eine Fensteröffnung, ein Schiff oder das eigene Leben. Aber er wirkt nicht so zurückhaltend, dass er nicht den Schlüssel abnehmen, die Tür öffnen und zum Ufer hinabgehen könnte. Wer sein Gesicht so zu ordnen vermag, auf den wartet immer eine Brücke, ein Schiff, eine Frau, dem wird immer irgendwoher ein Brief geschrieben.

Das andere, ebenfalls offene Atelierfenster zeigt ebenfalls die Elbe, aber nur das jenseitige Ufer. Das diesseitige Ufer verliert sich zwischen der Wasserfläche und dem Fensterbrett. Auf dem Fluss schwimmt nur ein einziger Nachen, und die Stadt haben einige einsame Häuschen abgelöst. Verlassen wirkt die ganze Landschaft, außer dem Mann im Nachen ist niemand zu sehen; eine ausgestorbene Gegend. Dieser Mann könnte Charons Nachen steuern; das Leben nähert sich seinem Ende, den Lebensfaden wird eine Schere zerschneiden. Die Schere hängt unter dem Spiegel, auf einer Höhe mit dem Schlüssel. Dieser Spiegel zeigt etwas anderes als der vorige. Wir sehen darin nicht die Tür, sondern zwei Augen, eine Stirn und das dazugehörige Haar. Es ist Friedrichs Kopf, denn er ist es auch, der aus diesem Fenster blickt. Doch er blickt nicht nur hinaus, sondern auch in den Spiegel, der selbst einem kleinen Fenster gleicht. Die einsame, ausgestorbene Landschaft beobachtend, erblickte Friedrich auch sich selbst.[2] Aber das Gesicht hat sich ebenfalls verändert: Aus diesem Fenster blickt nicht der edle und selbstbewusste Kopf, sondern ein verzweifeltes Gesicht, gezeichnet vom gar nicht fernen Wahnsinn. Die Lippen sind geöffnet und geben ein lückenhaftes Gebiss frei. Dieses ist, wie das aufgeschwemmte Gesicht, ebenso ein Vorbote des bevorstehenden Zerfalls wie die verzerrte Miene, die nur für Menschen charakteristisch ist, die schon der eigene Anblick mit grenzenlosem Erschrecken erfüllt.

Zwei Fenster, zwei Gesichter. Aber die beiden Gesichter gehören einer Person, und die beiden Fenster gewähren Ausblick aus ein und demselben Atelier. Und obgleich die beiden Selbstporträts 1800 entstanden und die überwältigend exakt gestalteten beiden Fensterzeichnungen fünf Jahre später, als

Friedrich bereits einunddreißig Jahre alt war, sollten wir der verflossenen Zeit keine allzu große Bedeutung beimessen. Lesen wir nur das kurze Gedicht, das Friedrich ein Jahrzehnt später verfasste! Die erste Strophe lautet so:

> Durch die düstern Wolken bricht
> Blauer Himmel, Sonnenlicht.
> Auf den Höhen, in dem Tal,
> Singt die Lerche und Nachtigall.

Doch es ist, als spräche er die Fortsetzung aus dem rechten Fenster des Ateliers:

> Gott, ich dank dir, daß ich lebe
> Ewig *nicht* für diese Welt.
> Stärk mich, dass mein Geist sich hebe
> Auf zu deinem Sternenzelt.

Die beiden Blicke des Tag und Nacht trennenden Janusantlitzes sogen im Lauf der Zeit einander auf. Denn wenn wir ein anderes, 1810 entstandenes Selbstporträt (BS/J 170) betrachten, das mit Sicherheit zu den suggestivsten Selbstporträts aller Zeiten gehört, entdecken wir in demselben Gesicht Spuren extremster Offenbarungen. Der Bart ist gewachsen[3], die Zivilkleidung hat ein unbestimmbares, am ehesten vielleicht an eine Mönchskutte erinnerndes Kleidungsstück abgelöst, und die Gesichtszüge wirken wie festgefroren.[4] Es ist dies der Mann, der mit sieben Jahren seine Mutter, mit acht die eine und mit siebzehn die andere Schwester verloren hat, der als Dreizehnjähriger beim Schlittschuhlaufen eingebrochen ist und von seinem Bruder gerettet wurde, welcher dabei selbst ums Leben kam; es ist der Mann, den in seinem Dresdener Quartier das Lärmen der Kinder seiner Wirtin so ärgerte, dass

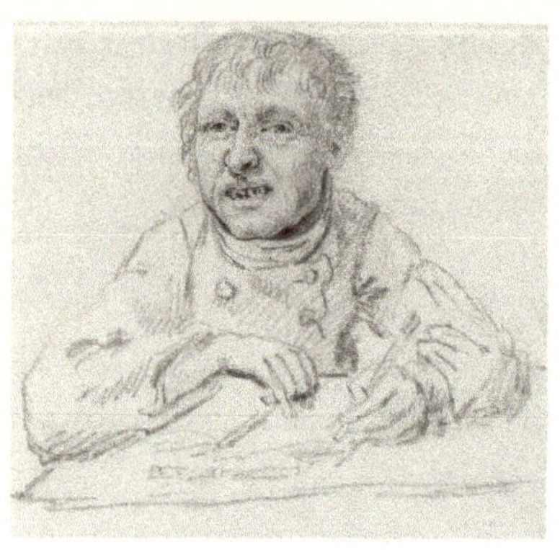

C. D. Friedrich: Selbstbildnis, 1800. Dresden, Kupferstichkabinett.

er krank und für Tage bettlägerig wurde; es ist der, der sich in diesem Wirtshaus aus purer Langeweile solange im Bett hin und her warf, bis es unter ihm einbrach; es ist der, der nach der Aufzeichnung von Zeitgenossen unendlich geduldig mit den Kindern spielte, aber auch vor Kummer erkranken konnte; ihn malte ein Dresdener Kollege, Gerhard von Kügelgen, als melancholischen König Saul, und er malte 1804 sein eigenes Begräbnis[5]; und er ist es, der Jahre später einer plötzlichen Eingebung folgend heiratet, in solcher Eile, dass er angeblich am Abend des Verlobungstages seinen Bekannten nicht sagen konnte, wie seine Auserwählte hieß, und der in einem Brief, den er nach der Heirat an seine nächsten Angehörigen schrieb, eine Veränderung in seinem Leben unter anderem darin sah, dass statt der bisherigen vielen Spucknäpfe seine Frau nun nur noch wenige in der Wohnung duldete – und ebenfalls er ist es, der die neunzehn Jahre jüngere Gattin mit seiner krankhaften Eifersucht peinigte und seiner Familie das Leben mit seinen Schrullen zur Hölle machte.

Einen Menschen machen jedoch nicht die in ihm verborgenen Widersprüche zu etwas Besonderem, sondern deren Verarbeitung. Die Widersprüche sind so wie die Umstände: Sie bilden ein Netz, mit dem man über kurz oder lang jeden ein-

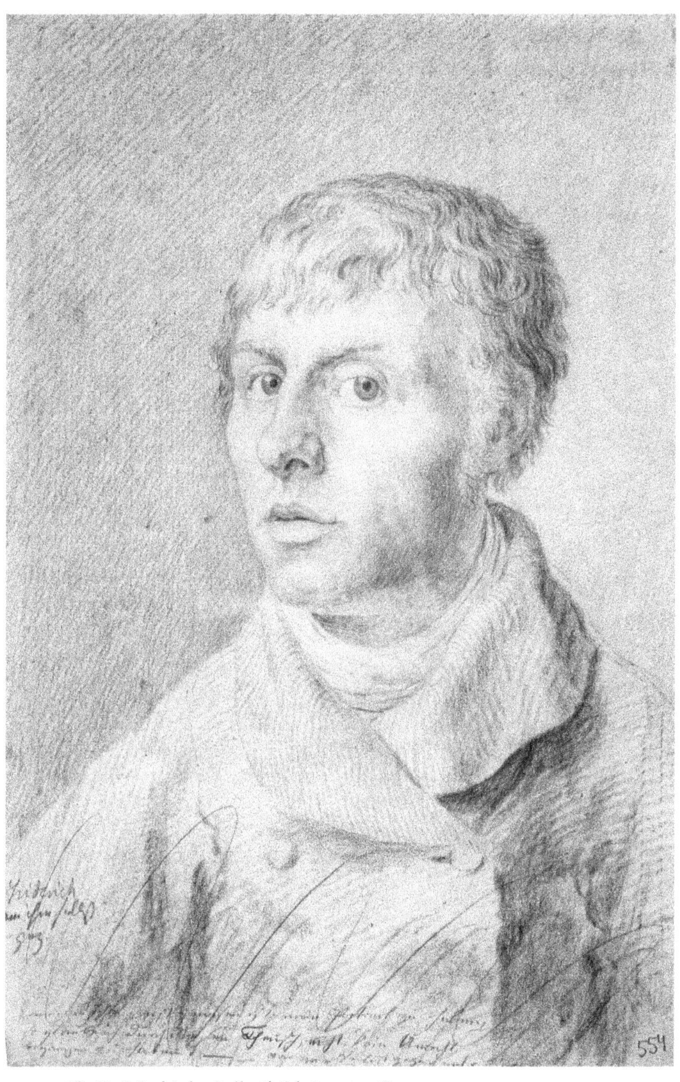

C. D. Friedrich: Selbstbildnis, um 1800.
Kopenhagen, Königliches Kupferstichkabinett.

fangen kann. Nicht zufällig wurden die Zeitgenossen vor allem auf dieses Netz aufmerksam – es ist beim Menschen das, was am deutlichsten wahrnehmbar ist. Und dennoch, je länger wir eines Menschen offensichtlichste Eigenschaften beobachten, umso merkwürdiger, fremdartiger, ja geheimnisvoller wird er. So geht es uns auch mit diesem Selbstporträt aus dem Jahr 1810.

Wenn wir sorgfältiger hinsehen, zieht immer wieder das rechte Auge des Malers unsere Aufmerksamkeit auf sich. Die quälenden Widersprüche, von denen sein Leben ebenso zerfurcht ist wie seine Gesichtszüge, tritt neben diesem Auge in den Hintergrund – nicht nur, weil es geometrischer Mittelpunkt des Bildes und Zentrum des Kreises ist, den die Kopfform, das wellige und lockige Haupt- und Barthaar und die Falten der Kleidung bilden, sondern auch, weil es zu uns spricht, anders als die Züge, die eher nur etwas mitteilen. Es drängt sich so intensiv vor, dass es fast wie ein Relief wirkt; es scheint gar nicht zu diesem Gesicht zu gehören. Im Gegensatz zum linken Auge, das die melancholischen Gesichtszüge unterstreicht, lebt das rechte sein eigenes Leben: Es blickt nicht aus dem Gesicht nach außen, sondern saugt alles in sich; es betrachtet nicht die Welt, sondern schaut nach innen. Wie auf zahlreichen Gemälden der Mond oder die Sonne[6], ist dieses Auge mehr als es selbst: ein explosiv angespannter Punkt, der alle Möglichkeiten in sich trägt, eine Origo, in der die Welt sich selbst betrachtet. Deswegen aber ist die Bildstruktur bis an die Grenze des Einsturzes überbelastet. Das ist offenbar nicht nur eine technische Frage. Damit der in die Bildmitte gestellte Augapfel nicht nur ein kompositionelles Element ist, sondern auch »spricht«, muss er über einen Blickwinkel verfugen, der die Fähigkeiten des körperlichen Auges übertrifft; nötig ist ein Blick, der sich nicht nur unter den Dingen der Welt zurechtzufinden versucht, sondern der auch für das Sein und die Vorbedingungen dieser Welt sensibel ist – der, ganz

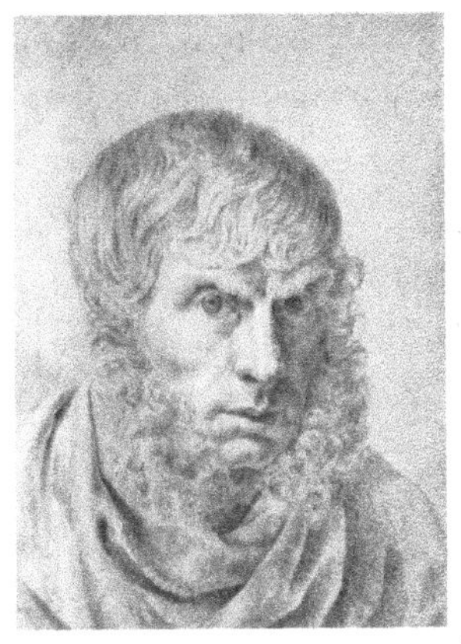

C. D. Friedrich: Selbstbildnis, 1810. Berlin, Nationalgalerie.

selbstverständlich und natürlich, nicht nur durch das linke, sondern auch durch das rechte Fenster des Ateliers dringt.[7] »Warum, die Frag' ist oft zu mir ergangen / Wählst du zum Gegenstand der Malerei / So oft den Tod, Vergänglichkeit und Grab?« schrieb Friedrich in fortgeschrittenem Alter, und er antwortete: »Um ewig einst zu leben, / Muß man sich oft dem Tod ergeben« (Hinz, 82). Es ist, als sähe sein Selbstporträt aus dem letzten Augenblick vor dem Sterben auf uns zurück. Sein Blick ist so durchdringend, dass er den Betrachter an sich kettet; er lässt nicht zu Stein erstarren wie die Blicke Gorgos, sondern nimmt gefangen. Dieses Auge legt dem Betrachter eine neue Last auf die Schulter: die Last des Sterbens. Das bedeutet jedoch, da es sich um einen durch alles hindurchdringenden, noch lebendigen Blick handelt, auch ein neues, exzessives Leben, das, um Wurzeln zu schlagen, die gewohnte Welt durcheinanderwirft. Das auf uns blickende Auge möchte das Leben vom Tod her neu ordnen; in ihm widerspiegelt sich eine Vision, deren Gegenstand leicht auch wir selbst sein können. Es ist ein nächtliches Auge; es leuchtet auch im Dunkeln. Nichts vermag seiner Aufmerksamkeit zu entgehen.

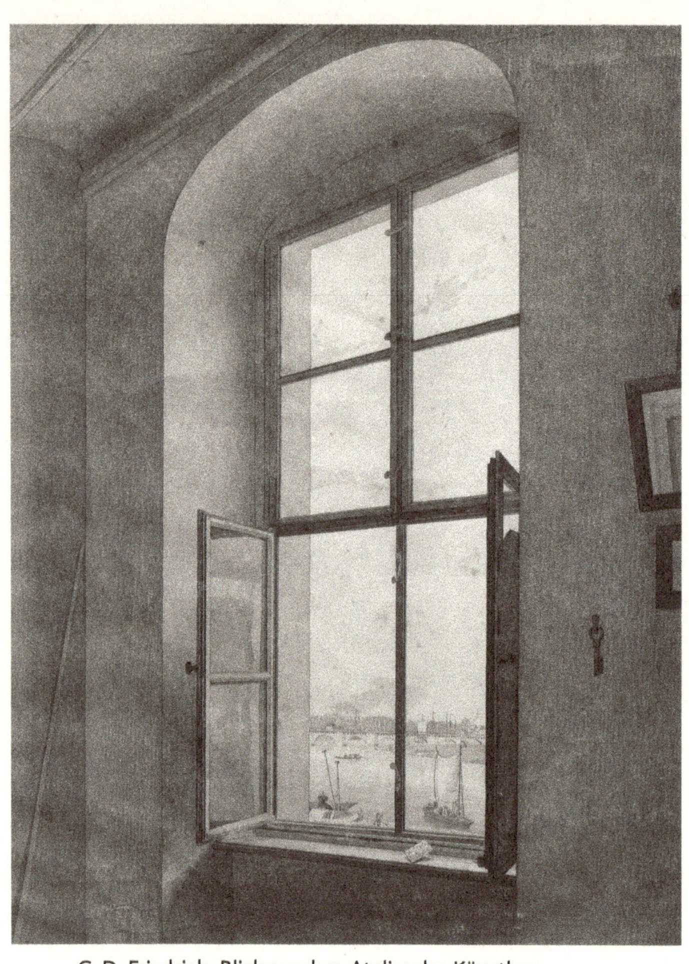

C. D. Friedrich: Blick aus dem Atelier des Künstlers, linkes Fenster, 1805–06. Wien, Kunsthistorisches Museum.

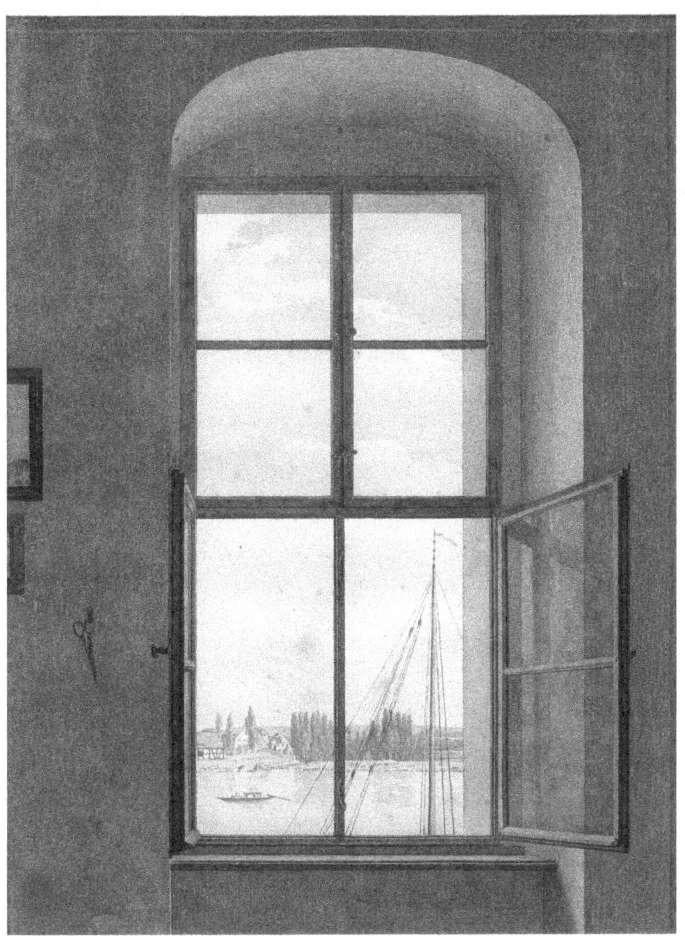

C. D. Friedrich: Blick aus dem Atelier des Künstlers, rechtes Fenster, 1805–06. Wien, Kunsthistorisches Museum.

DAS ATELIER

1806, als er zweiunddreißig Jahre alt war, machte Friedrich eine unbekannte Krankheit zu schaffen. Hatte er vorher überwiegend Zeichnungen, Sepiabilder und Aquarelle verfertigt, begann er nach der Genesung mit Öl zu malen. In rascher Folge trug er seine größten Visionen auf die Leinwand auf. Ein Bekannter, der Jenenser Buchverleger Karl Friedrich Frommann, besuchte ihn 1810 im Atelier, und er fand, Friedrich male Selbstporträts; im *Mönch am Meer* (BS/J 168) und in den Gestalten auf dem Gemälde *Morgen im Riesengebirge* (BS/J 190) entdeckte er den Maler. Sehen wir uns die Gestalten näher an, müssen wir ihm recht geben. In diesen außergewöhnlichen Visionen, die so hinreißend intim sind, hat der Landschaftsmaler par excellence sich selbst gemalt – aber nicht nur hier, sondern auch in den Bildern, auf denen kein Mensch zu sehen ist.

Heimstatt dieser Intimität ist nicht die Idylle, sondern die ins Unendliche reichende Landschaft. In der Idylle sind wir stets von etwas umschlossen: Wir können uns in ihr einnisten. Im Unendlichen jedoch gibt es nichts, woran wir uns festhalten könnten – keinen Ausschlupf, keinen Dispens. Wenn sich die Seele in ihr wiedererkennt, ist sie erschüttert, und je elementarer diese Selbstfindung ist, umso größer ist die Selbstüberlassenheit – die den Menschen umgebende Einsamkeit ebenso wie die ihm entspringende – und mit ihr das Unendlichkeitsgefühl, das ein Ausdruck der Ausgestoßenheit ist.

Die Vision gibt Kunde vom Abstieg in die innere Einsamkeit. Friedrich, den eine Bekannte als »Unpaarsten aller Unpaaren« bezeichnete (vgl. Hartlaub, 268) und dessen Isoliertheit auch die ihm nahestehenden Menschen zumeist mit Bedauern zur Kenntnis nahmen, hat sich nie über die Einsamkeit beklagt. Einen Kult machte er freilich nicht daraus. An seine Frau schrieb er: »Wenn ich Dir alles und jedes genau und umständlich beschreiben wollte, was den lieben langen Tag hindurch um mich her geschehe und gesprochen würde, wie Du es getan, liebe Line, dann erhieltest Du einen großen Bogen unbeschriebenes Papier als Brief von mir. Alles ist Stille – Stille – Stille um mich her; diese Stille tut mir zwar wohl, aber immer möchte ich sie nicht in einem so hohen Grade um mich haben« (Hinz, 47). Die Einsamkeit hängt weniger von den Umständen, als vielmehr vom Zustand der Seele ab, und Friedrichs Verlassenheit stand vermutlich im umgekehrten Verhältnis zum Reichtum seines Innenlebens. Über ihn wurde vermerkt, er habe sehr langsam und umsichtig gearbeitet[1], und daran gemessen fertigte er auffallend viele Gemälde, Graphiken, Sepiabilder und Aquarelle an, ganz zu schweigen von der Unmenge hinterlassener Skizzen und Entwürfe. Sein Leben war wohl von der Malerei nicht zu trennen; sie bedeutete also für ihn die spezifischste Art, das Leben zu leben: eine Existenzform, ohne die er kaum etwas mit sich hätte anfangen können. Er notierte: »Goethe sagt, ich habe keine Lebensart. Nun, so habe ich doch wenigstens eine Art zu leben.« Diese Lebensart dürfte in Goethes Augen sicherlich eine degenerierte Abart des Lebens gewesen sein: Die Selbstisolation führt zur stillschweigenden Ablehnung der Welt.[2]

Aber können wir das von jemandem sagen, der seine ganze Zeit dem Malen von Landschaftsbildern widmet? Bevor wir darauf antworten, wollen wir uns einen wichtigen Umstand ins Gedächtnis rufen: Nie hat Friedrich Ölbilder im Freien gemalt, obgleich das zu seiner Zeit seit wenigstens hundert Jahren für Landschaftsmaler eine bewährte Praxis war. Seine Heimat war nicht die Natur, sondern das Atelier, das Wilhelm von Kügelgen, der Sohn eines Malerkollegen, so beschrieb: »Friedrichs Atelier ... war von ... absoluter Leerheit ... Es fand sich nichts darin als die Staffelei, ein Stuhl und ein Tisch, über welchem als einzigster Wandschmuck eine einsame Reißschiene hing, von der niemand begreifen konnte, wie sie zu der Ehre kam. Sogar der so wohlberechtigte Malkasten nebst Ölflaschen und Farbenlappen war ins Nebenzimmer verwiesen, denn Friedrich war der Meinung, daß alle äußeren Gegenstände die Bilderwelt im Inneren stören ... Der hochblonde und kosakenbärtige Friedrich (pflegte sich) bei der Arbeit mit einem langen grauen Reisemantel zu begnügen, der es zweifelhaft ließ, ob er sonst noch etwas darunter habe« (Kügelgen, 123).

Das Atelier, in dem dieser wie ein Mönch gekleidete Maler sein Leben ablebte, ist keine Werkstatt, sondern ein kultischer Raum, zur Meditation geeigneter als zur Befriedigung der Sinne. Eine solche kahle Umgebung, wie sie auch der mit hemmungslosen Visionen ringende Swedenburg sehr schätzte, zwingt jeden, der über eine entsprechende Geistesgegenwart verfügt, in eine Grenzsituation: Wie Rilkes ähnlich gespenstisches Arbeitszimmer im Hôtel Biron, versperrt sie zwar den Weg zur Welt, doch erschließt sie die steilen Pfade ins Innere. Wir wissen natürlich, dass der physische Lebensraum von vorherein der spezifischen Ausrichtung der Ansprüche gehorcht, und von Friedrich, den ohnehin auffallend wenige Themen beschäftigten, der kaum Bekanntschaften schloss und auch Dresden nicht oft verließ, war eine andere Einrichtung kaum zu erwarten. Dieser Landschaftsmaler kümmerte sich nicht sehr um die Welt; er hatte ja seine Innenwelt. Von Verzicht kann natürlich nicht die Rede sein. Als er im Zusammenhang mit dem Gemälde *Das Kreuz im Gebirge* (*Tetschener Altar*, BS/J 167), das die Gräfin Thun-Hohenstein für die Kapelle des Schlosses in Tetschen bei ihm bestellt hatte, 1808 wegen der Abstraktheit der dargestellten Landschaft, der angeblichen Verstöße gegen die Regeln der Malerei und des sogenannten Mystizismus des Bildes zur Rede gestellt wurde, antwortete Friedrich unter anderem, dass »die Wege, so zur Kunst führen, unendlich verschieden sind, dass die Kunst eigentlich der Mittelpunkt der Welt, der Mittelpunkt des höchsten geistigen Strebens ist und die Künstler im Kreise um diesen Punkt stehen« (Hinz, 156–7). Die in den Mittelpunkt der Welt gestellte Kunst hat eine ähnliche Funktion wie das kahle Atelier: Sie ist nicht Dekoration, die von der »Außenwelt« angestrahlt wird, sondern sie spendet der Welt Licht, aus ihr strömt die Schöpfung. In den Dienst dieser Schöpfung stellte Friedrich seine ganze Kunst »Willst du dich ... der Kunst widmen, fühlst du eine Berufung, ihr dein Leben zu weihen, oh, so achte genau auf die Stimme deines Innern, denn sie ist Kunst in uns ... Heilig sollst du halten jede reine Regung deines Gemüts; heilig achten jede fromme Ahndung, denn sie ist Kunst in uns! In begeisternder Stunde wird sie zur anschaulichen Form; und diese Form ist dein Bild« (Hinz, 83). Aber selbstverständlich kann die so interpretierte Kunst nur zum Gegenstand der Andacht werden, weil sie auch selbst göttlich ist, also Welt »aus dem Nichts« schöpft und nicht den vorhandenen Dingen hinterhertrottet.[3] »Der edle Mensch (Maler)«, schreibt er, »erkennt in allem Gott, der gemeine Mensch (auch Maler) sieht nur die Form, nicht den Geist« (Hinz, 92).

Gott, von dem Friedrich schreibt, wohnt in der Seele; wenn der Mensch, in sein eigenes Inneres untertauchend, Gott zu entdecken glaubt, beginnt er in Wirklichkeit, sich selbst näherzukommen. Der Gott, den er in einem kahlen Arbeitszimmer findet, kann auch Gott der Einsamkeit genannt werden: Zwar schöpft er eine Welt, doch wird sie für niemanden bewohnbar sein außer für den Menschen, der ihn erträumt. Wenn für den Künstler der Pulsschlag seiner eigenen Innenwelt das einzige Gesetz ist, dem er gehorchen darf, dann bestimmt die Einsamkeit, die er wählt, auch seine Kunst. Diese Kunst bringt nicht gemeinsame Erlebnisse zum Ausdruck. Der Mensch kann jedes Erlebnis letzten Endes nur allein erleben. Das zeugt von der Insichgekehrtheit des Daseins, der Einmaligkeit des Lebens: Die Eigengesetzlichkeit und Insichgeschlossenheit des Menschen ist ein Zeichen der Eigengesetzlichkeit und Insichgeschlossenheit des Daseins. Die innigste Andacht gebietende Kunst verleiht dem Anspruch auf göttliche Allmacht Ausdruck, aber ihre Wirksamkeit erinnert an eine Nadelspitze: Sie hinterlässt eine unsichtbare Wunde, einen Stich, nach dessen Spur wir vergebens suchen.

Die vor Vermittlung flüchtende, aus dem Innersten »ausbrechende« Kunst, die die Vision ungeschmälert bewahren möchte, verfügt gleichzeitig über transzendente, über alles hinausweisende, und immanente, in der Seele festsitzende, Bezüge. Sie entfaltet sich entlang von Brüchen und Rissen, und wie für die gesamte Kunst Friedrichs, sind für sie die Unerfülltheit und das unstillbare Verlangen ebenso bezeichnend wie die an Pflanzen erinnernde Eigengesetzlichkeit und Eigenständigkeit. Die Kunst der inbrünstigen Andacht hat ein Janusgesicht: Das eine Gesicht sieht, dass alles Leben dem Tod ausgeliefert ist, das andere hingegen bemerkt, dass dieses der Vergänglichkeit unterworfene Leben dennoch von jedem anders, auf besondere und unvergleichliche Weise gelebt wird. Die Vision bietet uns das Leben stets im Zauberspiegel des Untergangs dar; je drohender der Zerfall, desto strahlender ist das Licht, in dem das Leben erscheint, und wie von einem Scheinwerfer angeleuchtet, werden nun auch die bislang verborgensten Konturen des Lebens atemberaubend scharf.

Auch in einem kahlen Atelier kann man also vielerlei malen. Die innere Welt ist durchaus kein Gegenteil der äußeren; wie ja auch eine Stimmung dann intim wird, wenn der Mensch erkennt, wie einmalig und außergewöhnlich sein Leben ist, und sich wundert, wie wenig selbstverständlich das ist, so ist die innere Welt nichts anderes als das Erleben der äußeren in der Perspektive der Vergänglichkeit und Unwiederholbarkeit. Nach innen gewandt wird der Mensch auch offen: Er sieht das gleiche wie sonst, und dennoch ist alles ganz anders. Wie die Welt auf den Bildern Friedrichs ist alles zugleich natürlich und geheimnisvoll, eindeutig und schaurig.

DIE PROVINZEN DER SEELE

Als ich zum ersten Mal Friedrichs Bilder erblickte, fühlte ich, dass ich ihnen rettungslos verfallen würde. Aber kann man sich denn in ein Kunstwerk verlieben? Zweifellos; doch nur, wenn man aufhört, es als Kunstwerk zu betrachten. So erging es mir mit diesen Gemälden; ich glaubte unerschütterlich, Friedrich hätte sie *für mich* gemalt, und lange war ich eifersüchtig auf die in den Museen ausgestellten Bilder. Niemand sieht den Gegenstand der Liebe so wie der, der in ihn verhebt ist, und weil es sich um Gemälde handelt, war ich mir sicher, nur ich sähe diese Bilder »richtig«. Das Paradoxon der Liebe ist jedoch die Unerreichbarkeit: je stärker der andere anzieht, desto unfassbarer wird er, und es ist auch nicht undenkbar, dass sich des Verliebten umso stärker ein Einsamkeitsgefühl bemächtigt, je dominierender die Leidenschaft ist. Das passierte mir mit diesen Bildern; je öfter und länger ich sie ansah, desto gewisser wurde es, dass ich nicht mehr die Bilder sah, vor denen auch andere Museumsbesucher stehenbleiben, sondern dass ich mich in etwas einschloss, dass niemandem außer mir zugänglich war. Die Wände dieses »inneren Zimmers« strich ich mir selbst an; ich malte Friedrichs Bilder neu, und zwar so, wie man sie meiner Überzeugung nach einzig und allein sehen durfte. Dann hatte ich angesichts der Bilder Friedrichs im Museum oder in den Alben immer öfter ein unbehagliches Gefühl; so mag jemandem zumute sein, wenn der, in den er sich verliebt hat, nicht die in ihn gesetzten Hoffnungen erfüllt.

Verglichen mit den in mir entstandenen Gemälden, verwandelten sich die Friedrich'schen Bilder in Kunstwerke zurück.

Damit wurden sie auch bedrohlich. Ich ahnte, dass ich ihnen immer weniger vertrauen durfte: Die Liebe mündet stets in ein Chaos, mag sie noch so »unmerklich« zu Ende gehen. Wenn man verliebt ist, glaubt man nahe daran zu sein, die eigenen latenten Möglichkeiten zu verwirklichen. Deshalb ist es gleichgültig, ob dieses Gefühl einem Menschen oder einem Werk gilt: Der »Gegenstand« der Liebe nämlich wird nach den Bedürfnissen des Verliebten lebendig, der von diesem Gegenstand weder mehr noch weniger Leben hinnimmt, als seine Gefühle gerade benötigen. Friedrichs Bilder aber waren »lebendig geworden«; je mehr ich mich in das Malen meiner eigenen »Friedrich-Bilder« vertiefte, umso selbständiger wurden die »echten« – sie begannen ihr eigenes, unkontrollierbares Leben zu leben. Sie wurden unfassbarer denn je. Aber ich spürte, dass es nicht mehr einfach um die Unfassbarkeit des Gegenstands der Liebe ging, sondern auch um eine Falle: Friedrich verführt seine Betrachter und setzt alles daran, dass sie sich verlieren. Wenn das aber eingetreten ist, lässt er sie im Stich: er tritt in die kühle Neutralität zurück, in die sich auch seine Bilder hüllen. Das steht nicht im Widerspruch dazu, dass seine Visionen glühend lebendig sind, es geht eher darum, dass man, will man seine Visionen sichtbar machen, sie zähmen muss, sonst versengen sie alles im Umkreis, sie werden unförmig und unverständlich. Friedrichs Bilder sind unbestreitbar schön; aber ebenso steht fest, dass die Vision, die diese Bilder zur Welt brachte, ursprünglich nicht auf Schönheit aus war, sondern auf etwas, das für keinerlei Sinnesorgan erreichbar ist. Diese Bilder sind die Resultate einer spezifischen Lichtbrechung der Vision; aber was ist das, wenn nicht ein Zeichen des Chaos, das von Anfang an auch durch die Liebe geistert?

»Schließe dein leibliches Auge, damit du mit dem geistigen Auge zuerst siehest dein Bild«, sagt Friedrich im Geist der neuplatonischen Tradition. »Dann fördere zutage, was du im Dunkeln gesehen, daß es zurückwirke auf andere von außen nach innen« (Hinz, 92). Der seine Visionen malende Friedrich musste jedoch von Anfang an zur Kenntnis nehmen, dass seine Visionen nicht so auf andere wirkten, wie er es wünschte; es gibt viele, die sie widerwillig aufnehmen und ihm die Unvollkommenheit der technischen Lösung ebenso vorwerfen wie die Unverständlichkeit seiner Bilder. Dabei tat Friedrich alles, um seine inneren Bilder so genau wie möglich umzusetzen. Carl Gustav Carus, der den Maler gut kannte, erinnerte sich so an dessen Arbeitsweise: »Er fing das Bild nicht an, bis es lebendig vor seiner Seele stand, dann zeichnete er auf die reinlich aufgespannte Leinwand erst flüchtig mit Kreide und Bleistift, dann sauber und vollständig mit der Rohrfeder und Tusche das Ganze auf und schritt hierauf bald zur Untermalung. Seine Bilder sahen daher in jeder Stufe ihrer Entstehung stets bestimmt und geordnet aus und gaben immer den Abdruck seiner Eigentümlichkeit und der Stimmung, in welcher sie ihm zuerst innerlich erschienen waren.« (Carus, I. 166)

Das genaue Aufmalen des Bildes, das sich in Gedanken abzeichnete, führte nicht zum Naturalismus, konnte nicht zu ihm führen: Es handelte sich nicht um die »malerische« Darstellung von Naturansichten, sondern um die reine, konzeptionelle Ausführung von Visionen. Das führte zu dem seltsamen Widerspruch, der seinen meisten Zeitgenossen auffiel: Friedrich malte nicht nur fiktive Landschaften mit fast schon fotografischer Naturtreue, sondern sehr oft auch Ansichten, die dem Anspruch auf »natürliches« Sehen in keiner Weise gerecht werden konnten. Er verstand es, beliebige Elemente der natürlichen Landschaft unglaublich »exakt« zu malen beziehungsweise zu zeichnen, und trotzdem hielt er bis zuletzt an seiner Überzeugung fest, dem Maler sei die Nachahmung verboten, und das Werk dürfe nur ahnen lassen, »vor allem aber geistig aufregen und der Phantasie Spielraum geben« und »nicht die Natur selbst darstellen wollen« (Hinz, 102).

Friedrich hat fast ausschließlich Naturlandschaften gemalt; dennoch lassen sich nur sehr wenige von ihnen identifizieren. Sie geben der Phantasie nicht nur des Kunstfreundes, sondern auch des Forschers Spielraum, der anhand der erhalten gebliebenen Skizzenhefte die gemalten Landschaften in ihre Bestandteile zerlegen und mit viel Geduld das »Original« vieler Elemente unter den Skizzen identifizieren kann. So geraten Kirchtürme aus Halle und Neubrandenburg in den Hintergrund des Stralsunder Hafens, im Norden gezeichnete Kähne auf die Elbe, Rügener Hünengräber in die Gegend um Dresden und Fichten aus der Dresdener Gegend an die Küste; so entdeckt man ein und denselben Strauch, Baum oder Felsblock auf den unterschiedlichsten Gemälden; so werden ein und dieselben (nummerierten!) Wolken zu einem ständig wiederkehrenden Element. Die unzähligen Skizzen waren für Friedrich nicht nur Fingerübungen, sie waren auch Muster, Modelle, mit deren Hilfe er im leeren Atelier die verschiedensten Landschaftsbilder malen konnte. Auf dem 1831 entstandenen Gemälde *Abend an der Ostsee* (BS/J 391) entdecken wir das genaue Abbild eines 1798 gezeichneten Kahns; die Figuren der 1834–35 gemalten *Lebensstufen* (BS/J 411) entstanden in ähnlicher Körperhaltung bereits zwischen 1815 und 1818; das Fels- und Kreuzensemble auf dem Tetschener Altarbild erscheint nicht hier zum ersten Mal, und das gleiche gilt für die Klosterruine Eldena, die er mindestens elfmal gemalt und gezeichnet hat, mal am Meer, dann wieder in süddeutscher Gebirgslandschaft. Die Elemente lassen sich bis auf Grasbüschel, Steine und Äste sortieren und noch das Schicksal der Äderung eines Blattes beobachten.

Friedrich äußerte sich folgendermaßen über seine Skizzen: »Wenn aber diese Studien zu Bildern benutzt werden sollen und die Urbilder dem leiblichen Auge entrückt sind und der Maler auch auf sein geistiges Auge angewiesen ist, da erkennt man nichts mehr von den früheren eigenen Studien.« (zit. nach Eimer, 33) In seinen graphischen Arbeiten fehlen einige Motive, die für seine Malerei bestimmend sind, so etwa die mondbeschienene Landschaft, der Regenbogen, die Landschaft im Schneefeld, der Nebel, das Eis, die aus einer Wolke hervortretende Kathedrale, der im Dunst liegende Berg – lauter Elemente, die die dem Naturalismus widerstrebende Sehweise stärken. Über das verschwundene Gemälde *Morgennebel an der Elbe* (1822, BS/J 286) vermerkte ein Kritiker: Wenn sich der Nebel lichtete, wäre die darunter verborgene (!) Landschaft bestimmt schön (vgl. Börsch-Supan/Jähnig, 96). Aber es ist keineswegs sicher, dass der Kritiker wirklich zufrieden wäre, wenn Friedrich seinen Wunsch erfüllt und den Nebel weggelassen hätte: Auf seinen Bildern dienen nämlich die erkennbaren und malerischen (denn der Kritiker hielt den Nebel nicht für malerisch) Elemente gleichfalls nicht der Befriedigung der Sehbedürfnisse, die auf den Genuss traditioneller Landschaftsbilder eingestellt sind. Wenn man so will, sind auch Friedrichs im Sonnenlicht funkelnde Gemälde »nebulös« (verdächtig), auch wenn keine Spur von Nebel vorhanden ist. Wie sonst könnten wir die hartnäckig wiederholten Einwände der Zeitgenossen, die Bilder seien nicht durchkonstruiert, die Perspektive sei ungewiss, sie seien unnatürlich, erklären? Die Kritiken begleiten ihn auf seiner ganzen Laufbahn: der vom Maler eingenommene Blickpunkt sei unbestimmbar; im Gegensatz zum Vordergrund sei vom Hintergrund kaum etwas zu sehen; der Horizont sei unwirklich gerade; die Wolken wirkten unnatürlich; zwischen der Höhe und der Leuchtkraft von Sonne und Mond bestehe meistens keine Harmonie; zwischen den

Perspektiven fehle der Übergang; er kenne nicht die Kunst der Beleuchtung, die Farbabstufungen, die Regeln der Kunst, deshalb male er – und das sagte Goethe – trotz seines unermesslichen Talents unerträgliche Bilder.

Die Beschuldigungen scheinen obendrein nicht unberechtigt. Das wusste natürlich niemand besser als Friedrich selbst, hatte er sich doch absichtlich über die Regeln hinweggesetzt. Als er 1808 sein erstes wirklich visionäres Gemälde, das Altarbild *Das Kreuz im Gebirge* (BS/J 167) in seiner Wohnung ausstellte, reagierte darauf der angesehene Ästhet Friedrich Wilhelm Basilius von Ramdohr mit einem Pamphlet, in dem er Friedrich von der Missachtung der Malregeln bis zum Mystizismus in allen Punkten für schuldig befand. Was den Verstoß gegen die damals gültigen Regeln betrifft, hatte Ramdohr unbestreitbar recht. Tatsächlich existiert kein Punkt, von dem aus der Maler die Landschaft so hätte sehen können, wie er sie malte: um den Berg in solcher Ausdehnung im Blick zu haben, hätte er mehrere hundert Schritt entfernt stehen müssen; andererseits ist es undenkbar, dass jemand aus solcher Entfernung noch kleinste Details so deutlich sehen kann. Streiten ließe sich auch über die Sonnenstrahlen: Wenn wir sie verlängern, schneiden sie sich weit unter dem gedachten Horizont, woher wiederum die Sonne nicht mehr so hell leuchtet. Auch ist nicht zu entscheiden, ob Morgen oder Abend ist – die Farben des Gemäldes geben darüber keine Auskunft. Der Himmel ist tatsächlich »ohne Harmonie und Wahrheit« (Hinz, 148). Wenn wir dann noch bedenken, dass dem Berg die echte Massivität fehlt und er wie ein Modell aus Pappmaché wirkt, dann ist das Gemälde in der Tat verdächtig. Ramdohr argumentiert, da in der Natur das Verhältnis der Gegenstände zueinander vorgegeben sei, habe der Landschaftsmaler die eindeutige Aufgabe, auf die Perspektive, die Lichtverteilung, die Atmosphäre und die Abstufung des Hintergrunds zu achten. Um das alles kümmert sich Friedrich nicht im geringsten; statt den Betrachter in die Landschaft einzuführen, lässt er den Blickpunkt ungewiss und zieht uns den Boden unter den Füßen weg. Um diese Landschaft so sehen zu können, müssten wir in der Luft schweben.

Den letzten Anklagepunkt hätte der Maler bestimmt akzeptieren können. In seiner Antwort an Ramdohr erklärt er unmissverständlich: »Die unbedingte Forderung ..., daß eine Landschaft durchaus mehrere Plane darstellen muß, erkennt Friedrich nicht an. So höchstmögliche Abwechslung von Form und Farbe ist; daß neben einer geraden notwendig eine krumme Linie stehen muss; daß, während die eine Linie hüpfend zur Freude einlädt, die andere langsam traurig dahinschleicht« (Hinz, 158). Friedrich geht nicht darauf ein, dass sein Verfahren nur im Spiegel eines sehr bestimmten Ideals liederlich erscheint; er vertraut der Wahrheit des Bildes so sehr, dass er keine weiteren Argumente für sich sprechen lässt. Doch bei der Verwendung von Naturbildern für visionäre Zwecke konnte er sich auf keinerlei Tradition stützen. Die heroischen Landschaften (Lorrain, Poussin), die niederländischen Landschaftsbilder, die klassizistischen Landschaftsbilder oder die Veduten zeigten nicht die Provinzen der Seele, sondern die sinnliche, in Besitz nehmbare Landschaft, wie sie sich Menschen darstellt, die mit beiden Füßen auf der Erde stehen. Für Friedrich jedoch wächst diese Landschaft über sich hinaus; sie ist keine reale Umgebung, sondern eine aus natürlichen Elementen bestehende Märchenwelt, Botin einer Vision. Friedrich deutete dieses Bild, das der Kommentierung bedarf (und auch insofern modern ist), wie folgt: »Jesus Christus, an das Holz geheftet, ist hier der sinkenden Sonne zugekehrt, als das Bild des ewigen allbelebenden Vaters. Es starb mit Jesu Lehre eine alte Welt, die Zeit, wo Gott der Vater unmittelbar wandelte auf Erden. Diese Sonne sank, und die Erde vermochte nicht mehr zu fassen das scheidende Licht. Da leuchtet vom reinsten, edelsten Metall der Heiland am Kreuz im Golde des Abendrots und widerstrahlt so im gemilderten Glanz auf Erden. Auf einem Felsen steht aufgerichtet das Kreuz, unerschüttlich fest wie unser Glaube an Jesum Christum. Immergrün, durch alle Zeiten während, stehen die Tannen um das Kreuz, wie die Hoffnung der Menschen auf ihn, den Gekreuzigten« Hinz, 137).

Der Tetschener Altar ist ebenso ein allegorisches Gemälde wie Friedrichs spätere große Landschaftsbilder; doch diese Allegorien sind in ihrer Art unvergleichlich. Wir haben es nicht mit der seelenlosen Darstellung eines abstrakten Begriffs zu tun, nicht mit einem Bilderrätsel, das lösbar ist und deshalb dem Betrachter die Hoffnung auf Ruhe – und sei sie noch so fern – einflößt. Dass wir ein Rätsel erkennen, nährt allein schon die Hoffnung: Früher oder später wird sich jemand finden, der es löst und statt unserer Erfolg hat. Allegorisch sind Friedrichs Landschaften; als erstes erahnen wir die in allen Allegorien verborgene Fremdartigkeit und Heimlichkeit. Aber nach Rätseln suchen wir vergebens, es sind keine Aufgaben gestellt, zu denen sich irgendwann der Schlüssel finden wird. Die traditionelle Allegorie stellt das Dasein als verdreht hin, aber nur vorübergehend: letzten Endes renkt sich das Dasein wieder ein, und wenn es die allegorischen Schicksalsprüfungen auch nicht vergisst, so heilt doch die Wunde. Die zwiespältige Widernatürlichkeit herrscht auch bei Friedrich, da er aber nicht Bildaufgaben, nicht Rätselaufgaben, sondern das Rätselhafte selbst darstellt, ist das ein bleibender Zustand. Der Anblick (das Naturbild) schreitet, wie in jeder Allegorie, über sich hinweg, aber wir wissen nicht, wohin – es ist niemand da, der zurückkäme und über das Ziel berichtete.

Vergebens suchen wir auch nach dem Unbekannten: Es ist uns zu nahe, als dass wir auf es zeigen und ihm ausweichen könnten. Wir bemerken es nicht, dabei hat es in uns schon

Wurzeln geschlagen. Wie Friedrichs Visionen aus mit Datum und Ortsangabe versehenen Skizzen entstehen, so lauert auch das Unbekannte in der uns umgebenden Welt und nicht jenseits von ihr – es durchtränkt alle Elemente unserer Welt. Friedrichs unbekannte Landschaften liegen nicht auf einem siebenten Kontinent, man kann sie ebenso wenig »entdecken« wie den »verborgenen Gott«, eine Expedition brächte uns ihnen ebenso wenig näher wie ein inbrünstiges Gebet zu ihm.

DER GEFALLENE ENGEL

Wie ist diese Landschaft zu malen?

Auf keinen Fall so, wie es die herrschende Landschaftsmalerei der Zeit suggeriert. Es nützt dem Maler nichts, wenn er die Elemente gruppiert, ordnet, in Kontrast zueinander bringt; davon wird die Landschaft nicht lebendig. »Denn was die neueren Landschaftsmaler in der Natur in einem Kreis von 100 Graden gesehen«, schreibt Friedrich, »pressen sie unbarmherzig in den Sehwinkel von 45 Grad zusammen. Und was also in der Natur durch große Zwischenräume getrennt lag, berührt sich hier in gedrängtem Raume, überfüllt und übersättigt das Auge« (Hinz, 107). Um 1807, zu einer Zeit, als er am Tetschener Altar malte, fand Friedrich die kompositionellen Lösungen, für deren Nutzung er mit der Zeit immer mehr Möglichkeiten entdeckte: Scharf und übergangslos trennte er Vordergrund und Hintergrund, die vertikalen und horizontalen Elemente setzte er in Kontrast zueinander, mit Vorliebe bediente er sich eines symmetrischen Bildaufbaus. Die nicht naturgetreuen konzeptionellen Lösungen machten auch die sichtbare Welt »widernatürlich«. Beim Tetschener Altar zum Beispiel wird der Standpunkt des Betrachters dadurch unbestimmbar, dass Friedrich nicht die Regeln der Zentralperspektive beachtet. Zwischen den psychologischen Gegebenheiten des Sehens und den geometrischen der Zentralperspektive kam es in der neuzeitlichen Geschichte der Malerei wiederholt zu Widersprüchen[1]; anders als seine Vorgänger, war aber Friedrich nicht an der Beseitigung der Widersprüche interessiert, und mit der Zeit vertiefte er sie sogar noch. Ähnlich den klassischen chinesischen Landschaftsbildern, befindet sich der vom Maler eingenommene Blickpunkt auf seinen Bildern oftmals unnatürlich hoch, weshalb das, was wir sehen, weniger perspektivisch erscheint, als vielmehr durch seine Oberflächenwirkung lebt. Dadurch, dass er den Blickpunkt anhebt, wird der Vordergrund scharf vom Hintergrund getrennt und lösen sich alle Elemente sprungartig voneinander. Infolgedessen gibt es – *Morgen im Riesengebirge* (BS/J 190) ist ein schönes Beispiel dafür – zwischen den nahen und den fernen Dingen keinen Übergang, viel eher kontrastieren sie miteinander, was eindeutig nicht im natürlichen Anblick wurzelt.

Als Folge dieser absichtlichen, in der Tendenz metaphysischen Verfälschung der Perspektive gesellte sich der außerordentlich genau beobachtete Vordergrund zum im Nebel verschwimmenden Hintergrund (die Grenze und das Grenzenlose), die natürliche Farbe zur unnatürlichen (das Vertraute und das Unbekannte), und sie machte es auch möglich, dass innerhalb desselben Bildes mehrere Tageszeiten auftauchten, etwa Nachmittag und Abend, Nacht und Morgen (Licht und Dunkelheit). 1808 veröffentlichte ein naher Bekannter Friedrichs (und guter Freund Heinrich von Kleists[2]), Adam Müller, eine Studie über die Landschaftsmalerei. Die Grundlage für seine Gedanken lieferten ohne Zweifel die Bilder Friedrichs, auch wenn er namentlich nicht auf ihn verweist: »Überall nemlich, wo der Mensch wandelt, ist sein Auge so gestellt, daß er das himmlische und irdische Element mit einem Blick auffassen muss. Das, was den Menschen unmittelbar umgibt, seine Hütte, die Bäume seines Gartens, alles dieses erscheint in schroffem Gegensätze fest, deutlich und klar neben dem formlosen, flüssigen Äther; nun hebt sich sein Auge, dass es eine größere Ferne beherrschen kann, und die Umrisse der irdischen Dinge werden weicher, die Farben sanfter, Luft und Erde scheinen zusammen zu fließen; sie tauschen auch mit lieblicher Vertrautheit ihre Plätze: in den Wolken scheint die Erde auf die Seite des Himmels herüberzutreten, in den Seen und Flüssen der Himmel auf die Seite der Erde – und in der weitesten Weite verlieren sich die Grenzen, bleichen die Farben ineinander, was dem Himmel, was der Erde angehöre läßt sich nicht mehr sagen« (Müller, II. 348).

Müller bezeichnet es als Aufgabe der Landschaftsmalerei, die verschiedenen Raumelemente gleichzeitig zu zeigen – und er umreißt unmissverständlich den geistigen Hintergrund dieser technischen Aufgabe, wenn er das letzte Ziel der Landschaftsmalerei nicht in der Darbietung eines »naturgetreuen« Anblicks, sondern in der Weckung einer »religiösen Gesinnung« sieht. Die religiöse beziehungsweise über die Religion hinausreichende, ins Unbekannte vordringende Vision erschafft sich ohnehin ihren eigenen Raum, irgendwie so, wie es sich auf seine fast ketzerische Weise auch Newton vorgestellt hat: Der absolute Raum ist als »Sensorium« das Sinnesorgan der die Vision beherrschenden Göttlichkeit, und somit ist er nicht unabhängig von der sinnlichen Wahrnehmung und von vornherein gegeben, sondern er wird von der Vision zum Leben erweckt. Der Mensch erfährt den Raum vor allem als seinen *eigenen* Raum, und erst in zweiter Linie betrachtet er ihn als von ihm unabhängigen, »objektiven« Raum – was nicht so sehr mit der Objektivität des Raums zusammenhängt, als vielmehr mit der distanzierten Haltung des Menschen zu sich selbst. Der Raum ist nicht ewig, sondern erschaffen – richtiger, er befindet sich unablässig, ähnlich wie die Zeit, im Zustand des Erschaffenwerdens. Mit dieser Formbarkeit und Flüchtigkeit des Raums ist die traumartige Wirkung der Friedrich'schen Gemälde zu erklären: Wie im Märchen, verschmilzt der physikalische Raum mit dem inneren und wird irreal, zuweilen barockhaft unüberschaubar. Mal bilden nur einzelne Motive eine nicht verfolgbare, komplizierte Raumstruktur (Astwerk kahler Bäume, Kirchtürme, Masten, Wolken), mal macht ihr Verhältnis zueinander das physikalische »Weltbild« unhaltbar[3], und auf mehreren Gemälden wird der Raum selbst so kompliziert, dass das Gleichgewicht von Bildaufbau und dargestellter Situation zu kippen droht. Die hypnotische Wirkung der Gemälde ist nicht allein den Motiven, den vorgeführten Örtlichkeiten, dem »Thema« zuzuschreiben, sondern auch der Raumstruktur selbst: die vertikale Achse des einsamen Baums[4] im Vordergrund rafft den Raum zusammen, die gerade Linie des fernen Horizonts wiederum suggeriert Grenzenlosigkeit[5].

Das Ensemble vertikaler und horizontaler Liniert, das Friedrich besonders zu Beginn seines Schaffens mit Vorliebe verwendet, führt zu einer eigentümlichen Bildstruktur: Auf seinen Gemälden beobachten wir gleichzeitig eine Ausweitung und eine Einengung des Raums. Wenn wir uns an seine Worte erinnern, eine im Winkel von hundert Grad gesehene Landschaft dürfe nicht in fünfundvierzig Grad gepresst werden, verstehen wir seinen Protest gegen die traditionellen Lösungen der Landschaftsmalerei: Er will keine natürlichen Landschaften malen, die sich wie eine Geschichte aus Perspektiven, Schattierungen und Farbräumen zusammensetzt, aber auch keine Landschaften, die als Hintergrund für allerlei menschliche Beschäftigungen (Schäferstunde, Ausflug, Schlacht usw.) dienen. Seine Landschaften sind fiktive, konstruierte Landschaften, die der Forderung nach Naturtreue nicht gerecht werden und auch nicht zulassen, dass Menschen wie selbstverständlich in ihr umhergehen. Die Landschaft ist kein Zuhause für die auftretenden Figuren (wir sehen sie immer städtisch gekleidet); wie die Betrachter des Bildes, sind auch sie in Betrachtungen versunken und wenden uns den Rücken zu, auch damit anzeigend, dass sie nicht dazu gehören. Diese Landschaften sind Friedrichs Landschaften und ausschließlich sein Eigentum. Wenn wir in sie einzudringen versuchen, ergeht es uns, als belauerten wir jemanden in seinen intimsten Augenblicken: wir geraten vor uns selbst in Verlegenheit.

Erinnern wir uns an Friedrichs Selbstporträt aus dem Jahr 1810! Den aus dem Mittelpunkt des Auges herausblickenden Augapfel haben wir mit dem absoluten Nullpunkt verglichen, in dem das Dasein gleichsam sich selbst betrachtet. Es ist, als würde der Raum der Gemälde von einem solchen Auge erschaffen; nur ein solches, das Zentrum der Welt bildendes Auge vermag die Umgebung im Winkel von hundert, ja dreihundertsechzig Grad zu sehen. Dazu muss es jedoch über göttliche Kraft verfugen, denn dass er alles sieht, ist nur von jemandem vorstellbar, der allmächtig ist und der Schöpfung voraus.

Die bedeutendsten frühen Gemälde Friedrichs verdanken ihre eigentümliche Stimmung gerade dem Widerspruch, dass das Unendlichkeitsgefühl einer in Schranken gesetzten Situation entspringt – was wir sehen, erscheint doch innerhalb eines bestimmten Blickwinkels. Die nicht abgeschlossenen Seiten des Gemäldes *Der Mönch am Meer* (BS/J 168) würden wir am liebsten so weit verlängern, bis sie uns völlig umschließen. Die Verlassenheit des Mönches ist so maßlos, dass sie den Betrachter nicht mehr erschreckt, sondern ihn eher Heimweh empfinden lässt; auch die Beraubtheit kann Quelle des Genusses sein. Die auf die Spitze getriebene Verlassenheit ist verlockend: aus ihr ist die Einsamkeit des Schöpfers herauszufühlen, in ihr kann die Einsamkeit in ihren Gegensatz, die universelle Gegenwärtigkeit, umschlagen. Der Mönch am Strand ist Verführer und Verführter in einem: Der Allmächtige hat ihn bezaubert und dann sich selbst überlassen, und jetzt ist er dazu verdammt, mit falschen Verheißungen selbst zum Verführer zu werden. Doch wen das Gefühl der All-

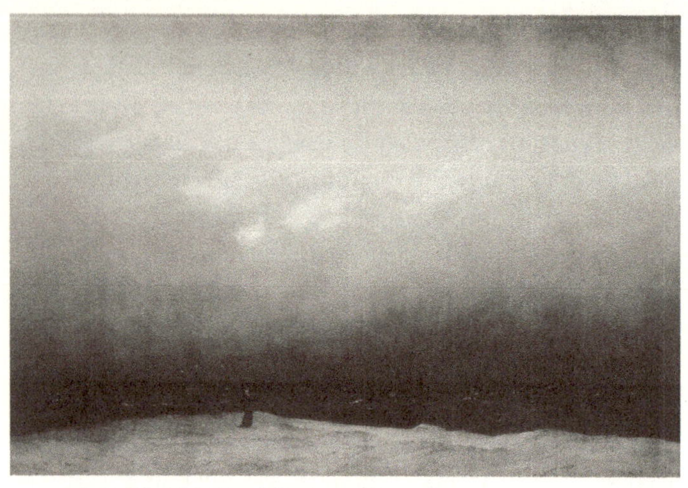

C. D. Friedrich: Der Mönch am Meer, 1810.
Berlin, Schloss Charlottenburg.

macht berührt hat, der kann nicht mehr in die menschliche Welt zurückkehren[6]; der Mensch verliert sich in den Augenblicken, wenn er über sich selbst hinausschreiten will; er wird endgültig beraubt, wenn er sich in der Nähe Gottes glaubt. In dem Mönch am verlassenen Strand können wir ohne weiteres auch einen gefallenen Engel sehen[7]. Einen Engel, der ursprünglich – nach der Lehre des heiligen Thomas – nicht im Raum existierte, sondern seinen eigenen Raum in sich trug, nach seinem Sturz jedoch dazu verurteilt wurde, hinaus in den Raum zu gelangen. Der Mönch scheint sich danach zu sehnen, dass sich alles kugelartig einschließt und er wieder aus dieser Welt gelangen kann. Er könnte nur Herr über seine Beraubtheit werden, wenn er Herr über das Unendliche werden könnte. Doch das Warten ist vergeblich, in dieser Landschaft wird sich nichts verändern; der Mönch ist derart beraubt, dass er aus eigener Kraft kaum jemals die Gnade erlangen wird. Und es ist fraglich, ob Gnade von außerhalb zu erwarten ist, der Himmel lastet wie ein schwerer Block auf ihm, so dass zu bezweifeln ist, ob außer ihm noch etwas existiert. Kann es sein, dass das Jenseits ebenso bedrückend ist? Dann ist das Warten auf Gnade tatsächlich überflüssig; vielleicht ist das bereits der Zustand der Gnade. Und aus diesem könnte ihn höchstens das völlige Zunichtewerden erretten – der ewige Tod, der dem Mönch verheißungsvoller erscheinen mag als alle Gnade.

Damit dieser Himmel sich aufhellt, muss der Mönch sich läutern; das Gewicht des Daseins lastet so schwer auf ihm, dass er sich von sich selbst befreien muss, wenn er es abwerfen will. Der Tod bedeutet für ihn wirklich Befreiung – wie anders könnten wir den Leichenzug auf dem Gemälde *Abtei im Eichwald* (BS/J 169) deuten? Ähnlich lastgebeugte Mönche tragen ihren Gefährten, dessen Sarg vermutlich der Himmel selbst ist – gemessen an dem anderen Sarg, den das Meer, der steinige Strand und der undurchdringliche Himmel bilden. Sie gehen über den Friedhof und am offenen Grab vorbei. Nicht dieses ist die Endstation; ihr Ziel ist das Kruzifix im Tor der Klosterruine. Das Kruzifix ist das Unterpfand der Erlösung, das Tor die Verheißung des nach dem Tod beginnenden ewigen Lebens. Das Reich des Todes liegt diesseits des körperlichen Sterbens, in dieser Welt: im Leben, das unfähig war, Erlösung zu gewähren. Vom Kloster sind nur noch Ruinen übrig, der Friedhof ist verwildert, und die besonders hohen Eichen sind Boten nicht des Lebens, sondern des Todes[8]. Man muss sterben, damit irgendeine Hoffnung aufglimmt – wie auch im Bild des wieder zunehmenden Mondes, dessen Erscheinen für das Aufhellen des Himmels steht. Dieser Aufhellung – dieser Läuterung – entgegen tragen die Pilger ihren toten Gefährten; aus dem diesseitigen Tod dem jenseitigen Leben entgegen, aus der Dunkelheit in das Licht. Leben und Tod sind vertauscht, und die eigenwillige Symmetrie des Bildes suggeriert, dass die Erlösung anderswoher kommt, als wir dächten: nicht vom Leben,

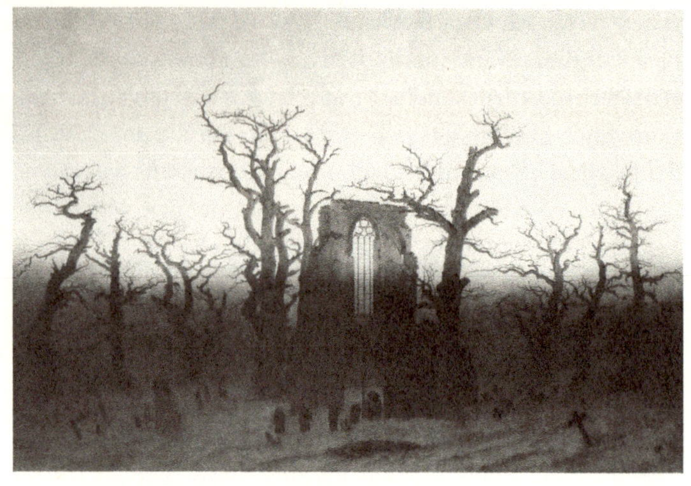

C. D. Friedrich: Abtei im Eichwald, 1810.
Berlin, Schloss Charlottenburg.

sondern vom Sterben. Sie ist freilich noch fern. Der Himmel beginnt sich gerade erst aufzuhellen – das obere Drittel des Bildes sehen wir noch mit den Augen des Mönches am Meer –, und ähnlich wie das Klosterfenster verschließen die Aste der kahlen Bäume den freien Ausblick. In der Ferne ist alles noch in Dunkel gehüllt: Der tote Mönch muss Blöcke aus Nebel und Finsternis durchqueren, um ungestört das Reich des Lichtes genießen zu können.

Wenn er diese Blöcke hinter sich hat, kann er die andere Seite der Landschaft am Meer erblicken – auch so jedenfalls können wir das Gemälde *Morgen im Riesengebirge* (BS/J 190) betrachten, auf dem der städtisch gekleidete »Mönch«[9] die aus dem Vordergrund aufragenden Granitblöcke erklimmt. Das Granitmassiv liegt, wie die gesamte Landschaft, unterhalb des Horizontes. Auch hier hat Friedrich der Natur Gewalt angetan: Der über den Bergen sichtbare Horizont wurde wahrscheinlich mit der Reißschiene gezogen, die immer an der Wand hing

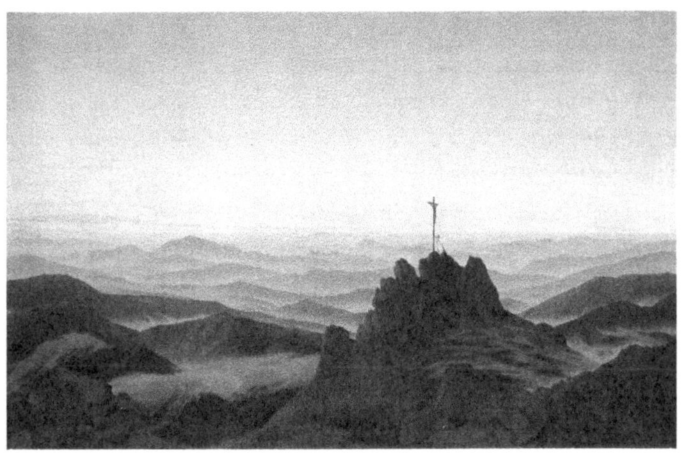

C. D. Friedrich: Morgen im Riesengebirge, 1810.
Berlin, Schloss Charlottenburg.

und die die Besucher so verständnislos beäugten. Der scharfe Horizont, den wir so in einer Gebirgslandschaft nie sehen, ist auch geometrisch eine Halbierende: die nebelbedeckte Natur liegt unter, der im Licht schwimmende Himmel über ihr. Den Horizont schneidet nur das Kreuz, sein fester Sockel ist der Granit, aber sein oberer Teil, mit der Christusfigur, reicht über den Horizont. Der hinauf zum Kreuz klimmende Mann will so nicht nur zum Kruzifix und auch nicht nur zu Christus, er will auch – jeder Zweifel ist ausgeschlossen – über die Horizontlinie hinaus. Doch aus eigener Kraft kann er es nicht schaffen. Die Frau, die ihm hilft, ist nicht seine Partnerin oder Gefährtin, denn dann würde er ihr helfen. Sie ist, wenn wir sie näher betrachten, kein menschliches Wesen, sondern eher ein durchscheinender Engel, eine Seele, weibliches Prinzip, Mater gloriosa, die ruft: »Komm! hebe dich zu höheren Sphären!« (Goethe) – aber noch eher ist sie Charis, ist sie die Gnade, die im Schnitt von Kreuz und Horizont den Weg zwischen Materiellem und Immateriellem, zwischen Endlichem und Unendlichem eröffnet und die den Lichtvorhang, den der Himmel bildet, beiseite zieht.

Der lichte Himmel ist mehr als ein wolkenloser blauer Himmel[10]: über die irreale Natur wölbt sich gewöhnlich kein blauer Himmel. Der Himmel ist hier wohl eher eine bedrohliche Möglichkeit: Die Welt unten, tot auch in ihren Farben, gewinnt hier ihre perspektivisch unfasslichen Dimensionen, hier erfüllt sie sich (wird zunichte), und hier eröffnet sich das Reich des gekreuzigten Christus. Der Begriff der Gnade schließt ein, dass sie nicht vom Verdienst, nicht vom Verhalten und nicht von der Bereitschaft abhängt – eher erleidet der Mensch die Gnade. Der Himmel, zu dem die Frauengestalt dem Mann hinaufhilft, ist nach menschlichem Maß unübersehbar; von der Gnade, die den Hinaufsteigenden erwartet, ist nichts zu ahnen. Gerade die Unfasslichkeit ist sein Geheimnis, denn durch seine Gnade manifestiert Gott dem Menschen, der unendlich kleiner ist als er, sein Wesen. Der Mensch ist der Gnade letztlich ebenso ausgeliefert wie der Mönch am Meer dem auf ihm lastenden Dasein: Die Gnade ist kein erreichbares Ding und kein seiner Lösung harrendes Rätsel, sondern ein unfassliches Rätsel, durch das, wenn es den Menschen einholt, auch das bislang für bekannt gehaltene Dasein rätselhaft wird. Es handelt sich um einen religiösen Akt, wenngleich nicht unbedingt an der konfessionellen Tradition festgehalten werden muss: In dem Augenblick, wenn der Mensch in den Zustand der Gnade gelangt – ausgelöst etwa durch eine Begegnung, einen Blick, eine Gebärde, eine Berührung oder eine Tageszeit –, scheint alles zu kippen. Dann findet der Mensch »zu sich selbst« – aber gerade dann erfährt er auch, wie winzig seine Existenz am Universum gemessen ist.

Der Gipfel, den Friedrichs Figur erklimmt, hat keine geographischen Koordinaten. Wenn der Mensch im Zustand der Gnade nicht länger Gefangener der Umstände ist, dann verliert die gewohnte Welt ihre Realität. Auf den traditionellen Landschaftsbildern sehen wir in der Regel Landschaften, die sich anbieten. Auch der fernste Horizont ist »nachvollziehbar« und wartet darauf, erobert zu werden. Auf Friedrichs Bildern hingegen ist die Landschaft ein Geheimnis, und weil diese Landschaften solche der Seele sind, können sie auch nicht erobert werden. »Der Raum ist nichts anderes als das feinste Licht«, sagt der Neuplatoniker Proklos (zit. nach Panofsky, 112). Wenn die Männergestalt des Riesengebirgsbildes vor dem Kreuz auf die Knie sinken könnte, verschwände vermutlich die Horizontlinie, der Himmel würde die unten befindliche, materielle Natur in sich saugen, und das alles vernichtende Licht würde sich in sich selbst schließen.

Das Kreuz ist das Zeichen der Hoffnung. Aber das Gemälde beweist, dass zu dieser Hoffnung kein Weg führt: Aus eigener Kraft kann der Mensch nicht auf den Felsen klettern. Die Hoffnung ist nicht erfüllbar. Die Friedrich'sche Welt lässt ahnen, dass wir den Gegenstand des Glaubens und damit uns selbst niemals einholen können, wie wir in unserem irdischen Leben auch handeln mögen. Das »Wunder« der Selbstvergessenheit in zeitlosen Augenblicken und die Hoffnung auf letzte und ewige Erlösung stehen sich so feindselig gegenüber wie auf den Bildern in starrer und beinahe schon symmetrischer Trennung der Vorder- und der Hintergrund, deren Verhältnis in traditionellem Sinn nicht malerisch ist: es befriedigt das Auge nicht, verschafft keine Beruhigung. Zwischen der ins Unendliche zurückweichenden Erlösung und der irdischen Welt klafft ein Abgrund; es besteht kein echtes perspektivisches Verhältnis zwischen dem scharf gezeichneten Vordergrund und dem emailleartig schimmernden, in Lasurtechnik gemalten Hintergrund beziehungsweise zwischen Erde und Himmel. Dieser Abgrund ist nicht überbrückbar; zwischen Vordergrund und Hintergrund kann höchstens eine gebeugte Mönchsgestalt, ein Sarg oder ein unerreichbares Kruzifix eine Brücke schlagen. Das aber wirft Licht auf die echte Natur nicht nur der irdischen Welt, sondern auch der Hoffnung. In jeder Hoffnung liegt eine verzweifelte Irrationalität; wer hofft, möchte sich zum Herrn über die Zeit, über das Sterben aufschwingen. Er verlängert sich in das Nichtsein, und je intensiver er das tut, desto saurer wird ihm sein diesseitiges Dasein. Friedrichs bis zum Äußersten angespanntes Hoffen wird so zum Boten des Zunichtewerdens: je fordernder die Hoffnung, umso weniger ist sie erfüllbar – in solchem Maß, dass wir alles, was wir haben, opfern würden in der Hoffnung, dafür ein neues Schicksal zu erhalten. Dies ist nichts anderes als das Hoffen auf Hoffnung, ohne jede Rücksichtnahme.

DIE UTOPIE DES RAUMES

Wie jedes Gefühl, hat auch die Verzweiflung ihre Masken. Wer verzweifelt ist, möchte sich instinktiv verstecken; so ist seine Hoffnung größer, seine Not mit anderen teilen zu können. Doch es ist keineswegs gewiss, ob er immer noch über sich spricht, wenn er in der dritten Person Singular zu sprechen beginnt; es besteht die Gefahr, dass er seine Gefühle stilisieren, sie »schildern« muss, wenn er sie für andere einigermaßen verständlich machen will. Noch auf das »offenste« Geständnis fällt der Schatten des Verbergens; auch die »aufrichtige« Rede entfaltet sich auf Umwegen. Nimmt die Verzweiflung ein solches Ausmaß an, dass über ihren Grund nicht mehr Rechenschaft abgelegt werden kann, eignet sich das Stammeln ebenso wenig, sie aufzudecken, wie der geschliffene Schachtelsatz. Und wenn sich die Hoffnung ins Irrationale auswächst, ist der Mensch früher oder später gezwungen, sein Leben zu leben und, was wirklich wichtig ist, darüber zu schweigen.

Angesichts der Friedrich'schen Bilder können wir seine Kunst auch als Malerei der Irrwege charakterisieren. Der gebeugte Mönch ist ein Denkmal der Verzweiflung, das zum strahlenden Himmel aufragende Kreuz ein Denkmal der unerfüllbaren Hoffnung. Und dennoch sind diese schamlos leidenschaftlichen Bilder ähnlich wie Friedrichs andere Gemälde unglaublich *elegant*, sie sind erwählt, sind gemessen. In der Tiefe glüht immer die Leidenschaft; aber die Darstellung ist in jedem Fall außerordentlich nüchtern. Diese mit Leidenschaften angefüllte Malerei ist durchaus nicht leidenschaftlich. Im Gegenteil, sie ist leise und kühl und manchmal so kalt, dass man schaudert. Diese Gemälde sind Musterbilder einer Selbstdisziplin, die im gegebenen Fall Zeichen nicht der Hartnäckigkeit gegenüber dem Leben, sondern der Einsicht sind. Thematik und Darstellungsweise sind immer an den Gegenstand gebunden und umgrenzt, und wenn die Leidenschaft determiniert ist, dann ist sie – Rembrandts Malerei bietet sich als Beispiel an – dazu geeignet, die Leidenschaft restlos auszudrücken oder zumindest nicht das Gefühl zu hinterlassen, es fehle etwas. Doch wenn die Leidenschaft, wie in Friedrichs Fall, keinerlei Grenze kennt, wenn die Verzweiflung unendlich und der Gegenstand der brennenden Hoffnung unbenennbar ist, versucht der Maler vergebens, leidenschaftlich zu sein, seine Malerei wird – wie das *Unbekannte Meisterwerk* in Balzacs Novelle – verworren und unartikuliert werden. Von der grenzenlosen Leidenschaft kann man nie *angemessen* Kunde geben. Die Friedrich'sche Eleganz und Selbstdisziplin ist das Ergebnis der instinktiven Einsicht, dass man die Unberührtheit der unstillbaren Leidenschaft nur bewahren kann, indem man nicht um jeden Preis über sie spricht. Die Kraft der Leidenschaft oder die Reinheit der Erinnerung an sie lässt sich nur mit Würde bewahren.

Die kühle und elegante Gemessenheit der Friedrich'schen Bilder zeugt paradoxerweise von mehr Treue zu der zuinnerst verborgenen Leidenschaft und Verzweiflung, als wenn der Maler sich hitzig hätte hinreißen lassen. Diese Gemälde sind im doppelten Sinn des *Wortes gemessen*: sie wirken zurückhaltend und würdevoll, und sie scheinen zugleich die Werke eines Landmessers zu sein. Als Ramdohr in Bezug auf den Tetschener Altar Friedrich vorwarf, er stelle die Natur ungenau dar, entgegnete ihm ein Freund des Malers, Ferdinand Hartmann, im Phöbus: »Und sollte es denn dem Künstler unerlaubt sein, sich das in seiner Phantasie vorzustellen und in einem Bilde wiederzugeben, was unserem Fuß unzugänglich ist und was man der Natur zwar nicht gerade abmalen, wovon man aber doch mathematisch beweisen kann, wie es ganz der Natur gemäß gezeichnet und gemalt werden müsse« (Hinz, 167). Zehn Jahre später begründet ein naher Bekannter Friedrichs, der mit Landschaftsmalerei experimentierende Arzt Carl Gustav Carus, sein Widerstreben gegen das 1817–19 gemalte Bild *Klosterfriedhof im Schnee* (BS/J 254) in einem Brief folgendermaßen: »Er (Friedrich) hat jetzt den großen Kirchhof im Winter ... ziemlich fertig, es ist imposant, und die Eichengerippe sind äußerst wahr, doch sieht das Ganze wieder etwas barock und architektonisch aus, überhaupt ist in ihm, wie ich glaube, die Neigung zur Architektur herrschend und beeinträchtigt die Freiheit der Landschaftsnatur viel zu sehr« (Börsch-Supan, 40). Und wieder vierzehn Jahre später, 1833, schrieb ein Kritiker über ein Bild Friedrichs (über welches, ist nicht bekannt): »Drei Farben und zwei Linien, ist denn das eine Landschaft? in der Tat muß man bei nochmaliger Besichtigung sagen, es ist doch der Anblick eines Stückes Himmel, eines Hügel- und Talstrichs! und warum so eigen? – Weil es zwar in der Natur auch so verkommt; aber nicht so für sich allein, nicht so abstrakt! Was also aus dem Bild heraustritt ist die Abstraktion des Künstlers selbst; seine Wahl« (Sumowski, 80).

Die Abstraktion steht im Dienst der Vision – der Vision, die im blendenden Licht der Hoffnung die Welt der eigengesetzlichen, in sich selbst eingeschlossenen, »ästhetischen« Elemente beraubt, die dieser Gnadenmalerei widersprechen. Natürlich ist es durchaus nicht sicher, dass das Ergebnis ein Aufstieg im platonischen Sinn ist; das Ende des Weges nach innen ist nie zu sehen. Zwar hebt beispielsweise Celsus die Methode der Analyse (Trennung) hervor, damit sich der Geist

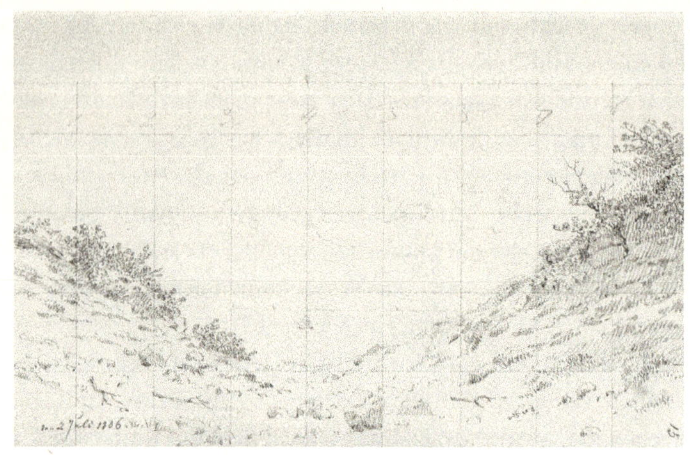

C. D. Friedrich: Blick durch eine Ufersenkung auf das Meer, 1806. Oslo, Nationalgalerie.

des Menschen in die Höhe schwingt, doch gewinnt er eine Vorstellung nur vom »Unbenennbaren«, das das Verlangen weckt, ohne es stillen zu können. Nach Clemens von Alexandria ist die erfüllte Abstraktion Voraussetzung für die Betrachtung Gottes (der Geist müsse sich darin üben, die materiellen Körper ihrer physischen Qualität zu berauben – der Tiefe, der Länge, der Breite und schließlich des Ortes); während sich jedoch durch Studium und Übung der Geometrie der Weg zum Allmächtigen eröffnet, muss Clemens anerkennen, dass der Geist nicht erkennen wird, was Er ist, sondern was Er nicht ist (ho de mé esti). Die Abstraktion ist auch in Friedrichs Fall ein Zeichen unstillbarer Sehnsucht; wenn die Konstruiertheit seiner Bilder von Selbstdisziplin zeugt, dann sollten wir dahinter den unlösbaren Widerspruch bemerken: Das Begehren nach dem Absoluten führt zur Einsicht in die Zerbrechlichkeit der menschlichen Existenz und erschafft aus der Einsicht zugleich neue Kraft – das Wollen von Unmöglichem. Und ist nicht das Unmögliche der Motor, der die Menschen antreibt, selbst wenn sie sich scheinbar mit der Welt der Möglichkeiten zufrieden geben?[1]

Die »poetische Geometrie«, die der Naturphilosoph norwegischer Herkunft Henrik Steffens in den Werken des Zeitgenossen Philipp Otto Runge entdeckte, erscheint in Friedrichs Malerei als »göttliche Geometrie«: er baut die Ansicht aus abstrakten Formen auf. Der Rügener Geistliche Theodor Schwarz, ein guter Bekannter Friedrichs, veröffentlichte 1834 einen Roman mit dem Titel *Erwin von Steinbach oder Geist der deutschen Baukunst*, in dem Friedrich als Modell für den Haupthelden, einen Maler namens Kaspar, diente. Schwarz legte diesem wahrscheinlich Friedrichs Worte in den Mund, wenn er ihn über die Komposition seiner Bilder sagen lässt: »Alles drängt und treibt mich, wenn ich ein Bild mache, erst in einer gewissen geometrischen Figur meine Gedanken zu umfassen und rein, wie der Mathematiker, zu construieren. Ich habe nicht eher Ruhe, bis ich eine solche rhythmische Form gefunden habe, die freilich oft sehr versteckt liegt und nur dem Kunstsinn offenbar wird, doch kühl und klar abgewogen werden muß, wie der Rhombus und das Polygon, bevor man an ihre Ausschmückungen denken darf. Fehlt diese Grundform in einem Bilde, so fehlt die Kunst, es ist bei allen sonstigen Verdiensten nichts als ein naturalisierender Versuch, ein üppiges Konvolut ohne Haltung und Wahrheit. Doch am schwersten bleibt es immer, diese Figur durch malerische Gegensätze und mannigfaltige Tinten wieder zu verhüllen, damit sie frei und nicht eintönig auf das Auge wirke« (zit. nach Sumowski, 43).

Es ist keineswegs ein Zufall, dass in Friedrichs Atelier lediglich eine Reißschiene an der Wand hing: Seine Landschaftsbilder erwachsen nicht aus der Naturansicht, sondern aus einer viel näher bei der Vision stehenden, abstrakten Struktur, irgendwie auf die Weise, wie später auch Kandinsky schematische Entwürfe für seine abstrakten Kompositionen anfertigt, in denen auf den ersten Blick nur schwer eine Planmäßigkeit erkennbar ist. Aber wir wollen nicht nur Kandinsky erwähnen, der übrigens in Friedrichs Werk den Beginn der abstrakten Kunst sah, auch ein Mitglied des Bauhauses, Oskar Schlemmer, achtete Friedrich als Konstruktivisten und metaphysischen Mathematiker sehr.

Diese Konstruktionsweise zeigt sich überdeutlich, geradezu »plastisch« in Friedrichs architektonischen Entwürfen. Die Kanzel und der Altar, die er für die Stralsunder Marienkirche entwarf, und die zugehörigen Gebrauchsgegenstände gehören ebenso hierher wie die Grabmals- und Denkmalsentwürfe für die Gefallenen der napoleonischen Kriege. In ihnen widerspiegeln sich unbestreitbar Einflüsse sowohl des Klassizismus als auch des neogotischen Geschmacks[2] und der Biedermeierplastik. Geht man von seinen Gemälden aus, lässt sich aber in ihnen noch etwas anderes entdecken. Da sich in seinen Bildern Elemente aus den unterschiedlichsten Regionen zu einer neuen Landschaft, einer neuen Stadtansicht vereinigen, entfalten sich dem Betrachter eigentlich utopische Ansichten, die gleichfalls einen nicht realen, sondern utopisch abstrakten Raum bilden. In den architektonischen Entwürfen scheinen diese Räume lebendig zu werden, denn die Kanzel, der Kelch, der Altar oder das Taufbecken für Stralsund, aber ebenso die Kriegerdenkmäler, die Springbrunnen und die Sarkophage sind über ihre offenkundigen Funktionen hinaus auch Beispiele einer spezifischen Belebung des Raumes. Nicht nur als Maler, sondern auch als Architekt bekannte sich Friedrich zu der göttlichen Verantwortung der Raumschöpfung – und vermutlich hätte er Ledoux zugestimmt, dem Baumeister der französischen Revolution, der die Architekten als Rivalen Gottes bezeichnete. Friedrich, der auf seinen Gemälden die Landschaft lieber als Ensemble von Massen darstellte, wo die Konturlinien wichtiger sind als die die Masse ausfüllenden

Details[3], fühlte sich auch als Entwerfer zu der in sich geschlossenen Masse hingezogen. Solche aus der Umgebung herauslösbaren Denkmalskörper können auf Straßen oder Plätzen einer Großstadt so verblüffend, ja mystisch wirken, als bemerkten wir in verwildertem Gestrüpp einen wunderschönen Kristall. Wir können in diesen Sarkophagen, Denkmälern und Grabmälern ohne weiteres auch Statuen sehen: obeliskartige Hieroglyphen, utopische Skulpturen.

Aber gibt es eine utopische Bildhauerei? Ist nicht jeder Raum konkret? Der utopische Raum ist, streng interpretiert (ou-topos), nicht existierender Raum. Friedrich malt in seinen Bildern in hartnäckiger Wiederholung nicht existierende Räume. Diese Räume existieren nicht nur in dem Sinn nicht, dass sie auf keiner Karte verzeichnet sind (letztlich hat die Malerei aus keiner Zeit ein Landschaftsbild vorzuweisen, das mit dem Original identisch wäre, wird doch durch die bloße Reproduktion selbst eine fotografierte Landschaft zu einer nicht existierenden), sie existieren auch insofern nicht, als sie von vornherein gar nicht in irgendein Kartenwerk aufgenommen, gar nicht irgendeinem realen Vorbild gerecht werden wollen. Indem er sie malt, stellt Friedrich gewissermaßen die Rückseite, die unsichtbare Seite des physikalischen Raumes vor. Das tut er auch mit seinen »Plastiken«: Diese Körper, die eine immaterielle Wirkung auslösen, sind utopisch, da sie nicht Platz in dem sie umschließenden realen Raum verlangen, sondern über einen selbständigen, durch sie selbst erschaffenen Raum verfügen, der mit der Umgebung nichts gemein hat. Es ist, als bildeten diese nach innen gewandten, negativen Plastiken ein Loch im physikalischen Raum, als fehlte dort, wo sie erscheinen, ein Stück der Natur[4] – sie gleichen den minimalistischen Plastiken eines Barnett Newman, Donald Judd oder Carl Andre, Produkten unserer Zeit, die rechtmäßige Erben auch der Friedrich'schen Entwürfe sind: Träger keiner Bedeutung, da sie im Zeichen absoluter Eigengesetzlichkeit entstanden; sie weisen nicht über sich hinaus, sondern schließen sich hermetisch in sich selbst. Friedrichs Entwürfe nehmen in mehrfacher Hinsicht die Objekte der Minimal art vorweg: sie sind schamvoll und schweigsam, aber hinter der Scham lauern absolutistische Gelüste.[5]

Und insofern sind sie nicht nur mit den Objekten der Minimal art verbunden. Das totalistische Verlangen der autonomen Raumschöpfung weist über sich selbst hinaus und möchte eigentlich alles in erreichbarer Nähe an sich anpassen. Aus den kristallartigen Gebilden strahlt Kraft. Dadurch werden sie zu echten Denkmalen. Friedrichs Vorstellungen sind den utopischen Entwürfen eines anderen Architekten der französischen Revolution, Éttienne-Louis Boullée, keineswegs fremd, und sicherlich kommen wir der Wahrheit nahe, wenn wir Nachfolger der Kriegsdenkmäler und Sarkophage Friedrichs in den deutschen Kriegerdenkmälern des Ersten Weltkriegs vermuten[6] (im Gegensatz zu anderen Ländern ist für sie weniger die Eklektik, als vielmehr die absolute Homogenität kennzeichnend), aber wir entdecken sie auch in den großzügigen Entwürfen von Albert Speer, die gleichfalls keine ästhetische Wirkung auslösen möchten, sondern die grenzenlose Hoffnung auf die Fähigkeit der Weltschöpfung suggerieren.

Gegen den Tetschener Altar hatte Ramdohr unter anderem eingewandt, das Bild sei ungeeignet, »ästhetische Rührung« auszulösen, da es Natur und Kunst verschmelze. Auf seine Weise hatte er recht: Eine Voraussetzung des Ästhetischen ist es gerade, dass das Geständnis, die Aussage indirekt erfolgt und dass der Mensch das Werk gleichsam als einen Schild vor sich hält. Mit dem gleichen Recht hätte Kammerherr Rahmdohr natürlich auch der mittelalterlichen Kunst das Recht auf das Ästhetische absprechen können; zwar war dort die Kunst nicht mit der Natur, sondern mit der Theologie verwoben, doch fehlte ihr gleichfalls die »Eigenständigkeit«. Friedrich in seiner Kompromisslosigkeit wollte erreichen, dass in seinen Werken seine Überzeugung erkennbar würde, die Kunst könne nur dann zum Gegenstand echter Andacht werden, wenn man in ihr nicht mehr nur die Kunst verehre. Verständlich, dass er für den Tetschener Altar, der ja als Andachtsgegenstand gedacht war, einen eigenen Rahmen entwarf, der eindeutig mit religiösen Symbolen geschmückt ist, und verständlich auch, dass er gegen die Absicht protestierte, das Bild an einem anderen Ort als in der Kapelle, für die es ursprünglich vorgesehen war, auszustellen.[7]

In solchem Umfeld ist der Tetschener Altar endgültig nicht als Landschaftsbild anzusehen, sondern als Quelle der Meditation.[8] An der Meditation aber nimmt nicht allein das Auge teil, sondern der ganze Körper. Der Mensch befindet sich dann nicht im Raum, vielmehr erschafft er seinen eigenen Raum; deshalb kann die Quelle der Meditation eine beliebige sein, denn alles verliert seine Gegenständlichkeit, und nichts bedeutet eine Schranke. Ein beträchtlicher Teil der Friedrich'schen Gemälde hat, was die Oberfläche beziehungsweise die Tiefe des Bildes betrifft, keinen Abschluss: Sie möchten sich spürbar verlängern beziehungsweise ins Unendliche vertiefen. Diese Bilder haben »kein Ende«; eine spürbar nichtzweidimensionale Betrachtungsweise spannt sich hier in eine ebene Fläche. Vermutlich hätte Friedrich den Tetschener Altar als abgeschlossen betrachtet, wenn dieser in die ihm eigene Umgebung eingebaut worden wäre und nicht als selbständiges Gemälde, sondern als Element eines autonomen Raumes hätte existieren können. Dieser autonome Raum ist eine Kapelle, in dem der betende oder meditierende Mensch Raum und Zeit hinter sich lässt. Von den meisten Gemälden und »Plastiken« Friedrichs lässt sich sagen, dass sie ihrer wahren Bestimmung in einem nicht physischen, in einem spirituellen Raum als dessen Element gerecht werden – irgendwie so, wie im 20. Jahrhundert viele Maler die dritte Dimension suchten, um für ihre Malerei die Erfüllung zu finden. Mit ihren abstrakten Bühnenkompositionen haben das Kandinsky und Mondrian versucht, und davon angezogen fühlten sich auch die amerikanischen abstrakten Expressionisten – mehrere von ihnen verlängerten das Gemälde tatsächlich in den Raum hinein.[9] Meditationszwecken widmeten ihre Gemälde Barnett Newman[10] und Mark Rothko[11]; Newmans Entwurf für eine Synagoge um 1963 und die Rothko-Kapelle in Houston (1971) erinnern beide an die Tetschener Kapelle: Ihre mit Skulpturen beziehungsweise Gemälden kombinierten Raumstrukturen verschmilzen mit dem eigenen Raum des Meditierenden.

EINSTÜRZENDE RÄUME

Der Wunsch, autonome Räume zu konstruieren, reicht über alle rationalen Bestrebungen hinaus; in seinem Absolutismus ist er von so elementarer Kraft, dass die Planung oder die Berechnung früher oder später auf ein totes Gleis gerät. Dann zeigt sich, dass die Ratio zu allem möglichen fähig ist, nicht aber, sich selbst zu untermauern: Nicht sie ist der letzte Horizont. Die elementarsten Ansprüche haben keine Vorgeschichte, keine Ursache; mit ihnen konfrontiert, wird dem Menschen allein deshalb die Vernichtung erahnbar, weil diese Ansprüche aus dem Nichts entstehen, dessen Boten sie sind.

Die nicht auf den Anblick ausgerichtete, sondern konzeptionelle Konstruktionsweise schlägt an einem Punkt unweigerlich in ihr Gegenteil um; je stärker die Ratio belastet wird, desto mehr neigt sie dazu, rätselhaft zu werden, sogar, sich in Mystizismus umzuwandeln. Den Mystikern kann man vieles absprechen, aber kaum die Ratio: Letzten Endes verkünden sie gleichfalls, dass die Welt konstruiert sei, auch wenn sie das nicht aus empirischer Sicht tun, sondern den Gesetzen des »Kosmos« oder des »Herzens« gehorchend. Philipp Otto Runge, der für abstrakte Konstruktionen eine noch größere Vorliebe hegte als Friedrich, meinte: »Die strenge Regularität sey gerade bey den Kunstwerken, die recht aus der Imagination und der Mystik unserer Seele entspringen, ohne äußeren Stoff und Geschichte, am allernotwendigsten« (zit. nach Jensen, 91). Um die empirisch nicht zugängliche Vision zu ver-

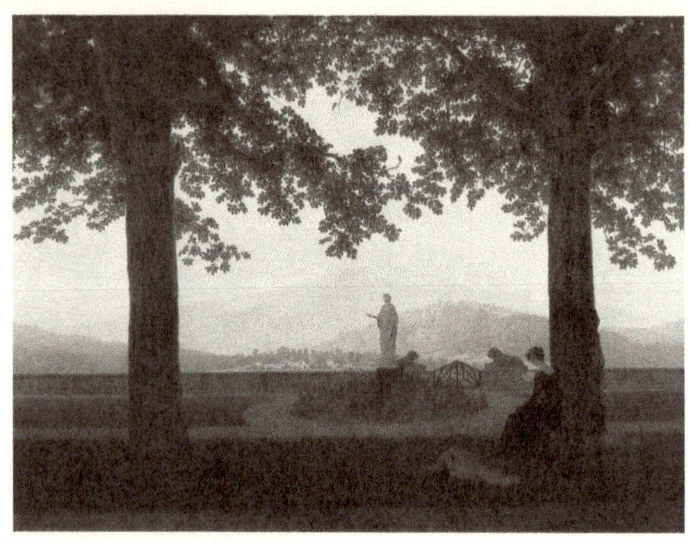

C. D. Friedrich: Gartenterrasse, um 1811–12.
Potsdam-Sanssouci, Schloss Charlottenhof.

deutlichen, bediente sich auch Friedrich der rationalistischen Bildstruktur, doch, belastete er, wie die Mystiker allgemein, die Ratio derart, dass die Berechnung dem Unberechenbaren und die Planung dem Unplanbaren das Terrain überließ. Denken wir beispielsweise an das eigentümliche Gemälde *Gartenterrassen* (BS/J 199), das im Gesamtschaffen Friedrichs auffällig einsam dasteht! Das Bild ist in jeder Hinsicht »makellos«, aber das Verhältnis zwischen den horizontalen und vertikalen Elementen und die perspektivische Struktur sind so perfekt, dass der Betrachter vor ihm erstarrt. Die Ratio hat das Leben verbannt, das sich deshalb »von hinten« einschleichen muss, um letztlich alles unverständlich zu machen. Ein besonders schönes Beispiel für diese melancholische Konstruktionsweise ist das späte Gemälde *Junotempel in Agrigent* (BS/J 381). Die verlassene griechische Ruine ist, ähnlich wie die erwähnten Denkmalsentwürfe, auch als utopische Raumstruktur

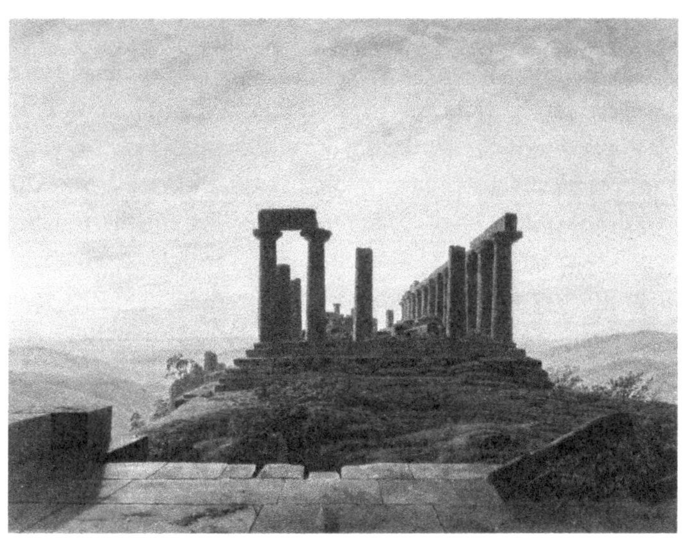

C. D. Friedrich: Junotempel in Agrigent, um 1830.
Dortmund, Schloss Cappenberg.

anzusehen. Aber es ist, als wäre diese Utopie in sich zusammengefallen. Doch gerade dadurch wurde der nicht existierende Raum lebendig: In seinem an einen Trümmerhaufen erinnernden Zustand bietet der Tempel einen so ergreifenden Anblick, als ob er unberührt und unversehrt wäre – ein eingestürztes Denkmal in verlassener Landschaft kann ebenso schön sein wie ein makelloser Triumphbogen. Diese Tempelruine steht in der Küstenlandschaft wie ein geöffneter Käfig; daher rührt die Melancholie[1]: sie kündet von der Hinfälligkeit aller menschlicher Planung und Berechnung. Das bestätigt auch der Aufbau des Bildes. Wenn wir den Mond abdecken, dann ist es, als stürbe das Gemälde: Diese Ruinenstruktur lebt davon, dass der Mond ihr als Brennpunkt Kraft gibt. Unsichtbare Stricke scheinen von ihm auszugehen, die sich um die Säulen des Tempels schlingen und sie halten – sonst würde er wohl versinken, denn wegen des abgrundartig dargestellten Vordergrunds gewinnt man ohnehin den Eindruck einer versenkbaren Kulisse. Dieser Mond ist Quelle nicht nur des Lichtes, sondern auch der Kraft. Dadurch wirkt die rationale Struktur des Bildes überlastet; die melancholische Stimmung rührt weniger von der dargestellten Thematik her, als vielmehr von der extrem versteiften Komposition. Nur eine Berührung scheint nötig, und die Bildstruktur zerspringt wie ein überspanntes Gewölbe oder bricht in sich zusammen, einer Konstruktionsweise Platz machend, wie sie in *Das Eismeer* (BS/J 311) erkennbar ist.

Die Mystik, gespeist aus der rationalistischen Konstruktionsweise, bestimmte Friedrichs frühe bedeutende Arbeiten; aber auch schon die *Abtei im Eichwald* (BS/J 169) oder der *Morgen im Riesengebirge* (BS/J 190) schienen »einsturzbedroht«. Um 1815 kam diese Struktur nach einer vorübergehenden Krise »in Bewegung«: Die strenge Symmetrie begann sich zu lockern, die Linien wurden lebendiger. Die frühen repräsentativen Gemälde sind großformatig – unter den späteren Werken hingegen finden sich viele kleinformatige: Die innere Bewegung weitet sich nach innen. Das ist der Grund für einen merkwürdigen Widerspruch, den ich bei Begegnungen mit Bildern Friedrichs in Museen öfters spürte. Während die großformatigen Gemälde (wie die in Berlin ausgestellten *Der Mönch am Meer* [BS/J 168], *Morgen im Riesengebirge* [BS/J 190] und *Abtei im Eichwald* [BS/J 169]) ausschließlich im Original »leben« und reproduziert ihre elementare Kraft verlieren, sind die kleinen Bilder, deren innere Beweglichkeit von der scheinbaren Ruhe der dargestellten Situation noch verstärkt wird, in Reproduktionen ebenso lebendig wie im Original, und manchmal wirkt das Original (z. B. *Waldlandschaft bei aufgehender Sonne* [BS/J 422] in Frankfurt oder *Frau vor der untergehenden Sonne* [BS/J 249] in Essen) harmloser als die Reproduktion. Diese hat strenggenommen kein Format; da sie eine Kopie ist, also nicht sich selbst darstellt, kann sie die Phantasie so anregen, dass das Originalgemälde mit seinen unveränderlichen Abmessungen durchaus eine Enttäuschung bereiten kann. In diesem Fall wird das Museum wahrhaftig zur Gruft, und es ist nicht ausgeschlossen, dass zu Hause, während der Straßenlärm ins Zimmer dringt, irgendwo Musik ertönt, an der Tür geläutet wird und die Kinder durch die Wohnung toben, eine Illustration in dem Friedrich-Band auf dem Tisch – etwa *Schwäne im Schilf* (BS/J 266) – plötzlich lebendig wird, lebendiger, als es das Original im Museum je war.

Die kleineren Bilder weiten sich »nach innen«; bei ihrer Betrachtung kann uns leicht schwindlig werden. In dem Bild *Zwei Männer am Meer bei Mondaufgang* (BS/J 223) umschließt der Himmel zeltartig den Mond und legt sich auf die beiden Männer: Der Mond ist hier nicht nur Himmelskörper, sondern auch Fokus, der alles an sich zu ziehen scheint. Auf dem Bild *Neubrandenburg* (BS/J 225) flammt der Himmel geradezu; die bei Friedrich ungewöhnliche Farborgie der Wolken bildet mit dem wogenden Vordergrund einen Strudel, der die beiden Wanderer zu verschlingen droht. Auf dem Gemälde *Kreidefelsen auf Rügen* (BS/J 257) bilden die Felsen eine Schlucht; die rahmenartigen Gesteinswände zu beiden Seiten, das Laubwerk im oberen Teil des Bildes und der ovale Vordergrund formen einen Krater, in den man, wie Empedokles in den Ätna, am liebsten hineinspränge. Und wer jemals wirklich die felsige Küste von Rügen besucht hat, der weiß, dass man sich so nahe an den Rand des Abgrunds nicht wagen kann; das mürbe Gestein beginnt unter dem geringsten Druck zu bröckeln, und leicht stürzt der Neugierige in die Tiefe. Vor den drei Gestalten, die am Rand der Kreidewand stehen, öffnet sich der Abgrund der Seele; und tatsächlich, wenn wir im Laub zur Seite gekämmtes Haar und in den Sträuchern und Grasbüscheln Anzeichen eines Bartes entdecken, dann erkennen wir im Abgrund

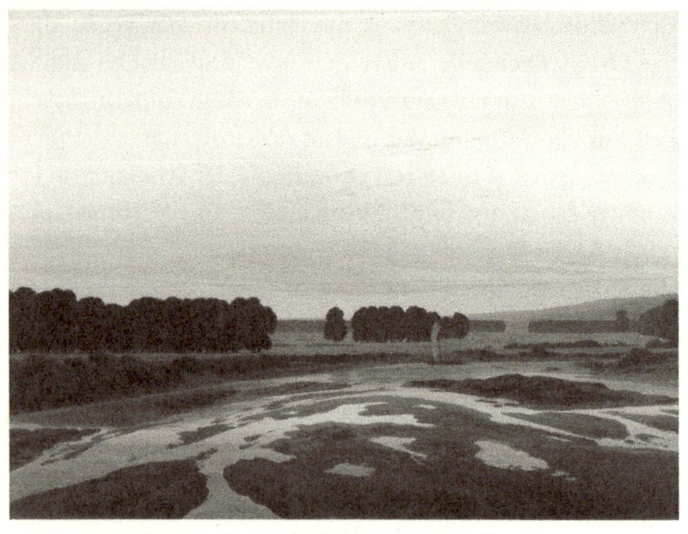

C. D. Friedrich: Das große Gehege, um 1832. Dresden, Gemäldegalerie Neue Meister.

unschwer ein Gesicht – das Gesicht Friedrichs. In *Zwei Männer in Betrachtung des Mondes* (BS/J 261) bilden das weitverzweigte Wurzelwerk und die Bäume eine Spirale – die üppige Vegetation scheint die beiden Männer ebenso verschlingen zu wollen wie der Mond die ganze Landschaft.[2] Im *Mondaufgang am Meer* (BS/J 239) bilden der Steinblock im Vordergrund und die Wolke eine Hyperbel, deren zwei Äste durch die drei sitzenden Gestalten verbunden sind – und auch sie betrachten den Mond, der am oberen Rand der Hyperbel emportaucht wie ein alles sehendes Auge.

Alle Möglichkeiten dieser Struktur hat Friedrich in seinem vielleicht vollkommensten Gemälde ausgebeutet, in *Das Große Gehege* (BS/J 399). Himmel und Erde bilden ein Kontrastpaar, aber zugleich sind sie auch untrennbar: Die dunkle Erde erscheint im hellen Himmel ebenso wie der Himmel unten im Wasser. Die Hyperbel setzt sich nicht aus zwei, sondern aus

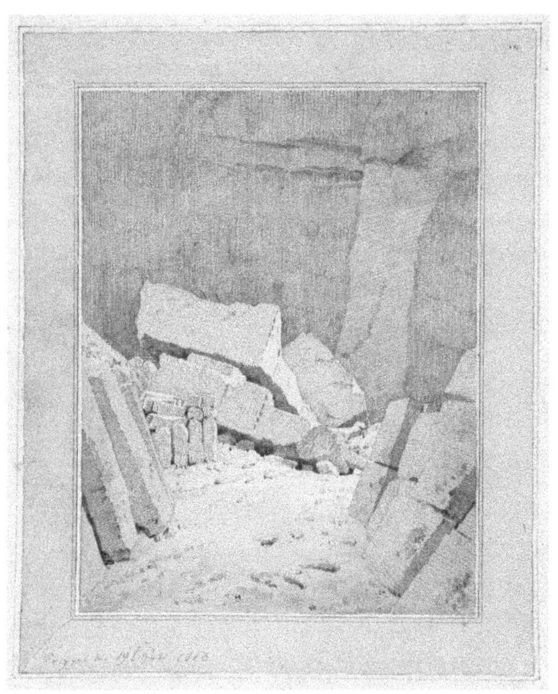

C. D. Friedrich: Steinbruch bei Krippen, 1813.
Berlin, Nationalgalerie.

unzähligen Ästen zusammen, und die Linien scheinen sich in einer Linse zu treffen.[3] Das führt zu einer Raumabstraktion, wie man sie in ähnlicher Dimension erst in der Malerei des 20. Jahrhunderts wiederfindet. Die Raumstruktur übt einen Sog aus, aber man hat nicht den Eindruck, das sei Friedrichs Absicht gewesen, alles schließt sich auf das natürlichste in sich selbst. Die Vermutung liegt nahe, dass sich – erinnern wir uns an das Selbstporträt aus dem Jahr 1810 – das Auge, der absolute Nullpunkt, hier in eine vollkommene, in sich geschlossene Raumkugel verwandelt hat.

Ein eigenwilliger Zeitgenosse Friedrichs, der von okkulten Einflüssen nicht unberührte Naturphilosoph Lorenz Oken, lässt sich in seinem 1809 erschienenen *Lehrbuch der Naturphilosophie* eingehend darüber aus, dass Gott und der Raum aufeinander angewiesen sind, und schreibt: »Wenn Gott real werden will, so muß er unter der Form der Sphäre erscheinen, eine andere Form für Gott gibt es nicht. Der *seiende* Gott ist eine unendliche Kugel« (Oken, 31). Und er knüpft den Gedanken weiter: »Es gibt keine mathematisch gleiche Linie in der Welt, alle reale Linien sind polar, alle sind sie mit dem einen End in Gott gewurzelt, mit dem anderen in der Unendlichkeit«[4] (Oken, 33). Wenn das Dilemma der rationalen Bildkonstruktion, die melancholische Spannung von Vision und gegenständlicher Welt, unerträglich wird, dann tritt eine sog- oder strudelartige Wirkung ein: Alles bricht zusammen (wie im *Eismeer* [BS/J 311]) oder explodiert und wird zunichte (wie auf Friedrichs Gemälden, die nur Wolken darstellen). In der Geschichte der neuzeitlichen Malerei finden sich wenig Beispiele dafür, dass jemand die bildliche Welt derart belastet. Vom natürlichen Anblick hat sich paradoxerweise gerade dieser Landschaftsmaler am entschlossensten abgewandt – als hätte Friedrich nach langer Pause wieder die Last der mittelalterlichen Altarmalerei auf sich genommen.

WAS MALT DER MALER?

1822 besuchte der Schriftsteller Fouqué den Maler Friedrich in seinem Atelier, und dieser fragte ihn: »Finden Sie mich denn auch so einförmig? man sagt, ich könne durchaus nichts machen als Mondschein, Abendrot, Morgenrot, Meer und Meeresstrand, Schneelandschaften, Kirchhöfe, wüste Heiden, Waldströme, Klippentäler und ähnliches. Was meinen Sie dazu?« Fouqué antwortete ihm: »Ich meine, daß man unermeßlich vieles in dergleichen Gegenständen malt, wenn man denkt und malt wie Sie« (zit. nach Sumowski, 22). In ihm fand Friedrich einen verständnisvollen Partner; einige Jahre vorher hatte Clemens Brentano folgendes an Fouqué über seinen Gedichtzyklus *Romanzen vom Rosenkranz* – in dem er zeigen wollte, wie dieser die Erbsünde beseitigt – geschrieben: »Nun aber habe ich mir alles ausgedacht, was ich noch nirgends gelesen und gesehen, und wonach ich dürste: Farben, die mir vorschweben, und zu denen ich die Bilder in allen Galerien umsonst gesucht; einen Hintergrund unergründlich, und doch nah und wehend, wie der Himmel und die Hölle, und einen Vordergrund wie Wiesengrün, Lämmer und Rosen und eine Linde, ein Altar und ein stiller Brunnen, dabei schlummert ein Kind im heißen Mittag, und einen Mittelgrund wie wandelnde Jungfrauen und Jünglinge, liebend und betend; links Bürgerkampf auf offenem Markte, rechts Tempelbau, über das Ganze ragend ein Turm von falscher Philosophie und dem Teufel als Wetterableiter; am Himmel aber niedersinkend ein Gewitter und drüber ein Regenbogen, durch den Aurora tritt, usw« (Brentano, II. 158–9).

Statt der realistischen Anordnung und Abfolge bildlicher Elemente »Aufeinmalempfindung« und Darstellung der Dinge: danach hatten sich auch Füßli und Philipp Otto Runge schon gesehnt, ohne dass sie sich ihren Wunsch restlos erfüllen konnten. Das »Trägheitsmoment« der traditionellen Themen, Elemente und Lösungen der Malerei stellte auch für Friedrich eines der Grundprobleme dar: Seine Bilder mögen noch so rigoros mit den Kompositionen und dem Aufbau der herkömmlichen Landschaftsmalerei brechen, sie sind doch an bestimmte Themen gebunden, die für das spürbar über alle Thematik hinausgehende unstillbare Verlangen eine Fessel bedeuten. Die latente Spannung der Friedrich'schen Bilder rührt unter anderem von diesem Widerspruch her. Der mit seinen Visionen ringende Maler ist genötigt, auf traditionelle gegenständliche Requisiten zurückzugreifen. Diese aber bedeuten, gerade wegen des Zwangs, gleichzeitig mehr und weniger als sie selbst. Sie sprechen in erster Linie nicht das sinnliche Auge an und verweisen deshalb auf visuell nicht zugängliche Dimensionen.

Bevor wir darauf näher eingehen, wollen wir aber einige von den zahllosen zeitgenössischen Vorwürfen anführen. Im Brockhaus'schen Conversations-Lexicon des Jahres 1817 lesen wir: »Friedrichs meiste Arbeiten haben … noch eine besondere symbolische Deutsamkeit, einen mystisch-religiösen Sinn, welcher, streng genommen, dem Reich der Mahlerei gar nicht mehr angehört« (zit. nach Börsch-Supan/Jähnig, 87). Und in einer Kritik aus dem Jahr 1820: »Friedrich gerät von Jahr zu Jahr tiefer in den dicken Nebel der Mystik, nichts ist ihm neblicht und wunderlich genug, er grübelt und ringt darnach, das Gemüth durchaus auf das Höchste zu spannen. Seine Gebilde hören zum Theil schon auf, Kunstwerke zu sein« (ebenda, 91).

Und »sind denn dies wirklich noch Landschaften, oder was ist es?« fragt ein anderer 1822 (ebenda, 95). In Bezug auf das *Eismeer* (BS/J 311) meint ein dritter, eine solche Darstellung gehe über die Malkunst hinaus. 1825 sieht Ludwig Richter das Verdienst Friedrichs darin, er habe dem menschlichen Geist die Linie, den Punkt und das Dreieck bewusst gemacht (insoweit erweist er sich als Kenner seiner Malerei), doch er setzt hinzu: »Das ist nicht der Ernst, nicht der Charakter der Natur, das ist hineingezwungen. Friedrich fesselt uns an einen abstrakten Gedanken, gebraucht die Naturformen nur allegorisch, als Zeichen und Hieroglyphen, sie sollen das und das bedeuten« (zit. nach Sumowski, 36).

Richter klopft zwar auf den richtigen Busch, aber an der falschen Stelle.[1] Ähnlich wie die meisten Zeitgenossen, sah er in Friedrichs Werken Hieroglyphen und entdeckte er in ihnen ein Zeichensystem. Demnach wären alle gegenständlichen Elemente seiner Bilder allegorische Hinweise. Einige mögen hier genannt sein.[2] Belaubter Baum: Lebenskraft; kahler Baum: Tod; Tannenbaum: Glaube; Eichenbaum: Patriotismus; Fels: Kraft des Glaubens; Mond: Christus; Schiff im Hafen: christliche Seele im ewigen Frieden; sich entfernendes Schiff: Todessehnsucht; Anker: Hoffnung auf das ewige Leben; Schwan: Todessehnsucht; aufgehende Sonne: Erlösung; Blume: Vergänglichkeit; Brücke: Überbrückung des Todes; Heuhaufen: Vergänglichkeit usw. Und ebenso die Farben: Lila bedeutet Traurigkeit, Weiß die Reinheit, Grün die Lebendigkeit, Blau den Glauben.

Wir könnten die Aufzählung fortsetzen, aber wir müssten beim besten Willen scheitern. Mit dieser Methode stellen wir nämlich nicht Friedrich, sondern uns selbst eine Falle: Nachdem wir seine Bilder »dechiffriert« haben, können wir sie uns nur mit wachsendem schlechten Gewissen wieder ansehen; die triumphable Erinnerung an den Abschluss der rationalistischen Interpretation verdirbt uns den Genuss. Wir verstehen nicht, sondern ahnen nur, dass die Bilder keine Bilderrätsel sind; aber wegen der falschen Fragestellung sehen wir über kurz oder lang auch falsch.

In der Regel fragt man falsch, weil man selbst der Möglichkeit bestimmter Antworten ausweichen möchte. Beispielhaft ist in dieser Hinsicht die Beurteilung Friedrichs durch seine Zeit, besonders ab den 1830er Jahren, als ihm die Anhänger des Biedermeiers und des aufkommenden Realismus noch heftiger als bisher zusetzten. Zitieren wir einen der offenherzigen Kritiker: »Diese Abstractionen der Landschaft gingen, denk' ich mir, unseren jetzigen sehr concreten Landschaften ebenso naturgemäß vorher, wie etwa in unserer Kultur die Aufklärung und der Idealismus vor der Naturphilosophie und Verherrlichung des Bestehenden vorhergingen« (zit. nach Börsch- Supan/Jähnig, 123). Doch der Ausdruck »abstraktes Landschaftsbild« ist irreführend, denn einige Jahrzehnte später werden die Impressionisten gerade in ihrem Wunsch nach konkreten Landschaftsbildern die von ihnen für abstrakt gehaltene Darstellungsweise des sogenannten Realismus verwerfen – und Friedrich für sich entdecken, den sie als viel konkreter ansehen als die Realisten.

Die falsche Fragestellung in Bezug auf Friedrich ließ zweierlei außer Acht: erstens, dass auch die sogenannte »natürliche« Sehweise unendlich viele abstrakte Momente impliziert – aus dem einfachen Grund, weil das menschliche Sehen gleichzeitig stillschweigendes Interpretieren ist. Immer sehen wir mehr, als wir ansehen; wenn sich ein Tier in einen denkenden Menschen verwandelte, wäre es erstaunt, wieviel unsichtbare Schichten jeder Anblick beinhaltet, der sich ihm bietet. Und zweitens rechnete sie nicht damit, dass die Wiedergabe der Natur durch den Maler den ohnedies mit Abstraktheiten beladenen Anblick noch abstrakter macht – die Linie, die umschriebene Form, die Einengung auf zwei Dimensionen bzw. der Größenunterschied widersprechen von vornherein den Erfordernissen der sogenannten »Natürlichkeit«. Letztlich ist es eine Frage des Konsenses, was wir – wie auch im Fall des primären Anblicks – für natürlich halten; eine Konvention, die nicht unbedingt obligatorisch ist. »Die Art und Weise, Natur zu betrachten, muß man sich wohl ebenso aneignen wie die, ägyptische Hieroglyphen zu lesen«, schrieb Constable (zit. nach Koestler, 378), der als Landschaftsmaler nicht naturgetreue, konkrete Landschaftsbilder malte, sondern eine Art Hieroglyphensystem in eine andere Art System übertrug.[3]

Liest man die Vorwürfe gegen Friedrich, erinnert man sich an einen bekannten Vorgang: Wenn die Sprache der Kunst einen grundlegenden Wandel durchmacht, möchte das Publikum darin nicht den Unterschied zwischen zwei Arten Hieroglyphensystemen entdecken, sondern den Gegensatz zwischen Kunst und Nicht-Kunst. Der Kunstbegriff wird so zu einer riesigen Parenthese, und was in dieser Parenthese ist, steht nicht nur dem gegenüber, was sich außerhalb befindet (um dies dann Wirklichkeit zu nennen und zu widerspiegeln, kopieren zu versuchen), es ist auch unanfechtbar: man darf nicht nach seiner Voraussetzung fragen. In dem Augenblick, als die Zeitgenossen Friedrichs neuartiges Vorgehen erkannten, nahmen sie es aus der Parenthese heraus und überwiesen es in das Reich der Nicht-Kunst. Und das erwies sich in jeder Beziehung als bequem. Die Argumente im Zusammenhang mit der traditionellen Technik hatten sie sowieso zur Hand, und dass sie die Kunst als ideologische Parenthese, als Reservat betrachteten, enthob sie einer Einsicht, die für Friedrich grundlegende Gewissheit war: dass die Kunst grundsätzlich von nicht künstlerischen Fragen lebt. Nicht in dem Sinn, dass das Kunstwerk die nichtkünstlerische »Wirklichkeit« spiegelt – gibt es überhaupt jemanden, der exakt die Grenzlinien ziehen könnte? –, sondern dass das Kunstwerk aus dem elementarsten Seinserlebnis entspringt und eine Art der Seinsinterpretation ist. Es kann ebenso gefährlich werden wie das Leben und auch ebenso gewichtig, selbst wenn uns dies (wegen des stofflichen Widerstands der Kunst) auf Umwegen klar wird.

Für natürlich halten wir in der Regel, was selbstverständlich anmutet. Aber durchaus nicht klar ist, was wir als selbstverständlich ansehen.[4] Wenn wir bei der Verwendung des Wortes »natürlich« bleiben und sie auf die Kunst ausdehnen wollen, müssen wir es deshalb mit einer »unnatürlich« abstrakten Bedeutung ausstatten. Natürlich oder naturgetreu ist ein Werk, wenn darin das Dasein selbstverständlich, das heißt, wie das Leben ohne Präzedens und zugleich zwecklos ist. Aus der Perspektive der auf Zweckmäßigkeit eingerichteten Lebensführung betrachtet, ist das unnatürlich, denn was selbstbezweckt ist, das ist dem Verfall unterworfen. Doch wenn wir von einem Kunstwerk mehr erwarten als Rechtfertigung und Bestätigung der alltäglichen Lebensführung und der Gewohnheiten, wird sogleich der bisher anerkannte Horizont fraglich: Wir sind nun genötigt, auch nach den Zwecken, den Bedingungen und dem Stoff des Lebens zu fragen. Eine beruhigende Antwort auf diese Fragen werden wir kaum bekommen – eigentlich können wir froh sein, wenn wir schon bis zum Gedanken der Selbstbezwecktheit vordringen. Denn Miguel de Unamuno behauptet – und er steht darin nicht allein – nicht weniger als dies: »Das eigentlich Befreiende an der Kunst ist, daß sie uns daran zweifeln läßt, ob wir existieren« (Unamuno, XXX). Verständlich, dass das als Kunst bezeichnete Reservat mit so ängstlicher Sorge gehütet wird, und wenn ein Werk in dieses Reservat nicht passt, dann schneidet man ihm, das ist klar, ein paar Gliedmaßen ab, damit es hineingezwängt werden kann. Bedarf am Reservat besteht natürlich nur, wenn die Rechenschaftslegung über die Gefährlichkeit und Zwecklosigkeit des Lebens sowie die Unersetzbarkeit der einmaligen Leben von einer universellen Zensur verboten wird, wenn sich auch die Natur selbst von einem »kosmologischen« zu einem praktisch-alltäglichen Begriff wandelt. Es ist nichts Erstaunliches daran, dass gerade in diesem Fall der subtile Bedarf an »Natürlichkeit«, »Naturtreue«, »Wirklichkeitsdarstellung« überhandnimmt, um dann als Tarnkleidung das Leben selbst unkenntlich zu machen.

Dabei ist auch das realistischste Landschaftsbild nicht naturgetreu. Ein Landschaftsbild geleitet uns nicht zur Natur, sondern zu uns selbst. Wie das als Natur bezeichnete Hieroglyphensystem nur durch das es erblickende Auge Bedeutung gewinnt und deshalb nur eine einzige »Bestimmung« hat – nämlich dem sterblichen Menschen eine Grundlage für seine Existenz zu geben und mit ihm zu erlöschen –, so sollten wir auch bei einem Gemälde, das eine Landschaft darstellt und sich der Hieroglyphen von Linie, Farbe und Form bedient, nicht die photographische Getreulichkeit hinterfragen, sondern das tiefer als alles wurzelnde Erlebnis der Gewissheit unseres Daseins. Allein dieses Erlebnis benötigt keine Hieroglyphen, kann sie nicht benötigen. Gemessen an diesem, mit dem Gefühl der Nacktheit vergleichbaren Erlebnis, ist noch das »naturgetreueste« Kunstwerk eine Stilisierung, die den Menschen stets auf Umwege schickt. Dies ist ein Grundproblem der Friedrich'schen Malerei: die Bilder wollen spürbar das »nackte« Erlebnis der Gewissheit des Daseins provozieren, ohne alle Umwege und Abstecher – dennoch handelt es sich gleichzeitig um Kunstwerke, die kraft ihrer Existenz stilisiert sind und wie eine Panzerung die grundlegenden Elemente verdecken. Diese Bilder sind verlockend, aber auch trügerisch hinhaltend; sie bieten jeden Augenblick etwas anderes, als was sie versprechen, bis der Betrachter schließlich, sofern er sich den Gemälden allzu arglos anvertraut hat, nicht mehr zu sich findet, sondern sich eher verliert.

Man sieht unschwer ein, dass es keine natürliche Sehweise gibt: Das bedeutet die Erkenntnis, dass die Dinge nicht unbedingt selbstverständlich sind, aber auch, dass es auch die Sprache und Geschichte der Malerei nicht ist. »Der Maler soll nicht bloß malen, was er vor sich sieht. Sieht er aber nichts in sich, so unterlasse er auch zu malen, was er vor sich sieht« (Hinz, 128). So Friedrich, und was er zum »inneren Auge« sagte, haben wir schon zitiert. Der neuplatonische Gedanke vom »inneren Sehen« stammt freilich nicht von ihm, er spielte schon in der Kunstauffassung des Manierismus eine besondere Rolle, als man wieder versuchte, Sinnliches und Geistiges ins Gleichgewicht zu bringen, umso den Begriff der nicht-praktisch ausgedeuteten Natur zu retten. Zwar bedeutete der Anblick in der mittelalterlichen Malerei geistig mehr als sinnlich, doch wurde die Sinnlichkeit deswegen nicht gewichtlos: die geistige Bedeutung konnte sich nur durch die Gegenstände in ihrer Ganzheit offenbaren, was zur Folge hatte, dass der Gegenstand restlos mit dem Gedanken verschmolz. Mit heutigen Augen gesehen, wirken die mittelalterlichen Kunstwerke »auseinanderfallend«, kompositionell unbewältigt, unnatürlich; in der bildenden Kunst nämlich ist, wie in der zeitgenössischen Literatur, nicht der Anblick (die Handlung) das wichtigste, sondern der ornamentische und zugleich dennoch mythische »Grundriss«, in dem alles zur selben Zeit gegenwärtig ist, in dem alles mit allem unmittelbar zusammenhängt. Auch die Dinge, die miteinander in keinerlei funktioneller Verbindung stehen, kennzeichnet eine allgemeine Entsprechung, was auf die Bindesubstanz eines geschlossenen Weltbilds hinweist, welches die Einzelwerke umfasst. Darin ist der typischste Wesenszug der mittelalterlichen Kunst zu entdecken, der Symbolismus, der die Möglichkeit bietet, alles mit allem in Verbindung zu bringen. Nach Hugo de Saint-Victor (12. Jahrhundert) ist das Symbol eine Verknüpfung sichtbarer Formen zu dem Zweck, unsichtbare Dinge auszudrücken. Das Wort »Ausdruck« ist jedoch nicht im neuzeitlichen Sinn zu verstehen, das heißt, es handelt sich nicht um eine Erklärung, eine Beweisführung oder die Verknüpfung abstrakter Begriffe – nicht um eine Didaxe –, sondern um die restlos sinnliche Darstellung unsichtbarer, für die Vernunft unzugänglicher Dinge. Insofern ist das Symbol nichts anderes als eine auf das Unerreichbare ausgerichtete Sehweise; es fördert also nicht unbedingt die praktische Orientierung. Das Symbol weist nicht auf den symbolisierten Gegenstand hin, sondern ist mit diesem wesensmäßig gleichartig; das Kunstwerk »stellt« die Welt nicht »dar«, es ist auch selbst welthaft. Deshalb scheint es nicht nur ein vergeblicher Versuch, es mit der »Wirklichkeit« zu konfrontieren, vergebliche Mühe wäre es auch, scharf zwischen Kunst und Nicht-Kunst zu unterscheiden. Nach Boccaccio dient die Dichtung der Vermannigfachung und Komplizierung des Verhältnisses von Gottheit und Mensch. Die Dichtung (Kunst) führt demnach den Leser (Betrachter, Zuhörer) zur umfassendsten und grundlegendsten Betrachtung des Daseins, bietet also eine Seinserklärung an. Verständlich, dass Boccaccio die Poesie mit der Theologie in Verwandtschaft bringt, was sich in der Zeit als die tiefste Seinsausdeutung erwies. »Die Theologie ist nichts weiter«, schreibt er, »als eine Poesie Gottes ... nicht allein, dass die Poesie Theologie ist, sondern auch die Theologie Poesie« (Boccaccio, 52). Auch die Kunst ist eine Art Existenzausdeutung – aber dem Symbolismus entsprechend kann sie das Dasein nicht von außen her, als Gegenstand, interpretieren, da sie ja mit ihm identisch ist. Die sinnliche Erfahrung dient für die metaphysische Interpretation des Seins nicht als Sprungbrett, sondern sie ist dessen unabdingbares Element.

Nach der Lockerung der religiös-metaphysischen Fesseln, die diese Geschlossenheit der Kultur gewährleisteten, löste sich auch das Kunstwerk aus der Kultur als Ganzes. Die seit der Renaissance lebendiger und immer umfangreicher gewordene kunstkritische und kunstanalytische Literatur und die Entstehung der später als Ästhetik bezeichneten Kunstphilosophie bezeugen diese veränderte Situation der Kunst – dass nämlich die einzelnen Kunstformen zu Inseln, zu kunstartigen Gebilden wurden. Mit dem 15. Jahrhundert »verschwand die Hand Gottes« – um eine hübsche Wendung von John Ruskin zu gebrauchen – aus der Kunst. Leon Battista Alberti, der Mitte des 15. Jahrhunderts über die Malerei schrieb, nennt den Künstler *alter deus*, und wenngleich in der Bezeichnung seine mittelalterliche Überzeugung anklingt, Gott sei der höchste Künstler, bemerkt man unschwer die Profanisierung des Künstler-Gottes.[5] Anders als die Hervorbringungen der mittelalterlichen bildenden Kunst, ist schon für die größten Meisterwerke der Renaissance eine spezifische Affektiertheit kennzeichnend: Die Werke *streben*, unabhängig von der darstellenden Thematik, nach Einklang, nach Harmonie – die Gewissheit des Glaubens tritt gegenüber dem Wunsch nach Glaubenwollen in den Hintergrund. Die Rede ist nicht von den Künstlern, sondern von den Kunstwerken, die – ihren Urheber möglicherweise verratend – den Glauben *stärken* wollen, *Vertrauen* zur göttlichen Garantie des Daseins und *Hoffnung* auf die Allmacht der individuellen Kraftanstrengung wecken. Aber je entschlossener sie das tun, desto deutlicher ist der Bruch zwischen der Welt der sinnlichen Anblicke und der immer abstrakteren Wahrnehmung der Ganzheit des Seins spürbar.

Als Caravaggio um 1600 erklärt, ein Blumenstilleben gut zu malen halte er für ebenso wichtig wie eine menschliche Gestalt gut zu malen, meint er dies nicht mehr im Sinn des mittelalterlichen Symbolismus, der sowohl in der Blume als auch im Menschen die Bedeutsamkeit Gottes erlebte, sondern er betont – seine Bilder beweisen es – die Wirklichkeit des Anblicks: von

Bedeutung ist nur, was wir sehen, und was wir nicht sehen, das wird in Bezug auf die Gemälde irrelevant. Nun wird der mittelalterlichen Malerei vorgeworfen, sie sei nicht durchkomponiert und unübersichtlich, nun entdeckt man die *Poetik* des Aristoteles, die von einer guten Komposition unter anderem die sofortige Durchschaubarkeit verlangte (aber man bemerkt nicht, dass die *Poetik* die Sinnlichkeit nicht als abgesondertes Terrain des Daseins behandelte), und nun legt man immer mehr Wert auf die innere, für organisch gehaltene Einheit des Kunstwerks.

Für jedes Ding wird sein eigener innerer Maßstab wichtig, ohne dass ein universeller Maßstab zur Verfügung steht. Das geleitet zu der Erkenntnis, dass das Werk die Regel seiner selbst, also ein geschlossenes Gebilde ist: Die Blume oder den Menschen zu malen ist letztlich gleich wichtig, aber die Darstellung einer Weintraube oder Jesu ebenso. Das Verhältnis von Kunst und Welt wurde damit immer problematischer. Da man die Vielschichtigkeit der Dinge gleichzeitig weder sehen noch sinnlich wahrnehmen kann, können wir das Kunstwerk als in sich geschlossenes, unauflösbares Universum betrachten, wir können es aber auch als Fragment verstehen, das über sich hinausreicht und deshalb mit anderen in Museen gesammelt wird in der unausgesprochenen Hoffnung, aus den vielen Fragmenten werde sich schon etwas zusammensetzen. Was, das wissen wir selber nicht. Das Kunstwerk ist von einem Abgrund umgeben, doch bietet es uns auch eine Möglichkeit, diesen zu überbrücken. In das Kunstwerk kann ich mich vor der Welt zurückziehen, aber das Werk kann mich auch zur Welt hinfuhren: wenn ich will, bewundere ich die Welthaftigkeit des Werkinneren; aber ich kann in ihm auch die bravouröse Abbildung der Welt, die Spiegelung der angeblichen Wirklichkeit bewundern. Diesen Widerspruch, der bis zum 18. Jahrhundert als große Möglichkeit und danach als Hemmnis der Kunst in

Erscheinung trat, hat mit schönen Worten Goethe beleuchtet (wobei er zugleich zum Ausdruck brachte, dass für ihn die Diskrepanz kein Hindernis bedeutete): »Man weicht der Welt nicht sicherer aus als durch die Kunst, und man verknüpft sich nicht sicherer mit ihr als durch die Kunst« (Maximen und Reflexionen, 737).

Friedrich stellt in dieser Hinsicht einen Grenzfall dar. Seine Bilder lösten vermutlich von Anfang an deshalb so ambivalente Gefühle aus, weil sie dieses Paradoxon der neuzeitlichen Kunst als unlösbaren Widerspruch entlarvten. Noch nie hatte ein Maler versucht, einen so großen Bogen um die Welt des Alltäglichen zu machen, aber noch nie hatte ein Maler auch so unmittelbar den Kontakt zum Betrachter gesucht und so offen, fast schamlos, sich vor jedermann entblößt. Seine Werke sind Inseln, die mit der sichtbaren Welt kaum etwas zu tun haben; die Persönlichkeit des Malers jedoch durchdringt die Bilder so unverhüllt wie die Gegenwart Gottes die mittelalterlichen Fresken oder Altarbilder. Die Welt ist auf die innere Welt reduziert; aber diese Reduktion ist so restlos, dass alles in der Perspektive des Innern erscheint. Das Ergebnis ist ein neuer Kosmos. Der Ausdruck *alter deus* gewinnt dadurch seinen echten Sinn, dass Gott zum *alter artifex* wird; der Maler muss, will er aus der neuzeitlichen Situation der Malerei in die Welt des mittelalterlichen Symbolismus zurückfinden, die Schöpfung nochmals »von unten« durchführen – er treibt den Zwiespalt auf die Spitze, um im entstehenden Strudel untertauchend das ganze Leben gleichsam umzudrehen und, wie die Gestalten in den Friedrich'schen Landschaften, an einer neuen Passion, einer mit entgegengesetztem Vorzeichen, teilzuhaben.

BLINDFENSTERMALEREI

Seit die Bilder nicht mehr das Innere der Kirchen schmückten, sondern immer öfter an die Wände der Paläste und später der Wohnstuben gehängt wurden, scheint auch ihre Umgebung dunkler geworden zu sein. Die Gemälde wurden wie Blindfenster, die – ähnlich wie die Tafelbilder dem Zimmerinnern – zur Straße hin eine Öffnung imitieren und die Welt vorgaukeln. Noch im dunkelsten Kirchenwinkel war dem Altarbild mehr Licht entströmt als jetzt den Tableaus, die die Welt nachahmten; der Glaube hatte selbst bei geschlossenen Augen keinen Abbruch erlitten. Das Tafelbild befriedigt viel eher das Auge; es bekräftigt nicht, was wir mit geschlossenen Augen noch im Traum wissen, es will uns eher bei der Orientierung unter den Dingen der Welt helfen; es baut auf den sinnlich wahrnehmenden Anblick, auf das beinahe schon Handgreifliche. Je entschlossener aber der Maler trachtet, die Welt zu durchschauen, umso zweifelhafter wird, wo die Grenzen dieser Welt verlaufen. Der Zwang zum Ordnungschaffen ist ein Zeichen der Angst vor der Unordnung, und die mit Bildern tapezierten Räume machen das Gebäude nicht nur anheimelnd, sie verströmen auch Furcht: Alle Fugen müssen verstopft werden, damit nur nicht irgendwo von draußen das Fremde, das Unbekannte einbrechen kann.

Die mit Gesimsen und Verschnörkelungen ausgestatteten Blindfenster befriedigen das nach Ordnung und Symmetrie hungernde Auge, fast schon bis an die Grenze des Wahnwitzes gehend. Auch das ins Zimmer gehängte Bild zeugt von einem seltsamen Gleichgewichtsverlust. Es öffnet die Welt zum Zimmerinnern hin, das aber nur lebt, wenn wir ein Auge dafür haben; wir sind es, die dieser Welt Helligkeit geben. Das Tafelbild ist das Altarbild nicht Gottes, sondern des in sich vertieften Blicks: Wir suchen uns selbst in ihm, wie Karl V.; nachdem er der weltlichen Macht freiwillig entsagt und sich in ein Kloster zurückgezogen hatte, richtete er seine Wohnstatt so ein, dass er vom Bett geradewegs auf den Altar schauen konnte. Über dem Altar hing die *Gloria* seines Hofmalers Tizian. Doch dieses Altarbild, eines der schönsten Gemälde aller Zeiten, bietet nicht mehr Orientierung in Glaubensdingen; es überwältigt uns, untergräbt unsere Gesundheit, wie es auch Karl erging, der seinen Ärzten nach das Gemälde unmäßig lange betrachtete – es lässt die Nähe nicht Gottes, sondern des alles trennenden Todes ahnen. Freilich, wenn die göttliche Daseinsgarantie zweifelhaft wird, kann der Zwang zum Ordnungmachen und zur Orientierung früher oder später zur Vergöttlichung unserer selbst führen: Uns gehört der Richterstuhl, wir sind die Richter. Die betonte Unanfechtbarkeit durchdringt alle unsere Urteile.

Aber je mehr wir uns vorstellen, wir seien die alleinigen Herren über diese kreatürliche Welt, desto stärker wird unsere Neigung, zu vergessen, dass der Glaube in uns wirkt. Gottvertrauen als Glauben zu bezeichnen ist leicht; aber wenn wir Gott ablehnen, nennen wir unsere Unfehlbarkeit ungern Glauben. Wir sind »objektiv«, dabei unterscheidet sich diese Objektivität nicht grundsätzlich von dem, womit die Gläubigen Gott ausstatten; wir halten uns für »Realisten«, obgleich sich auch uns – wie den Realisten der mittelalterlichen Philosophie – die allgemeinen Begriffe des Seins wie Fangarme um den Hals legen.

Das Tafelbild öffnet ein Fenster zur Welt, doch das darf uns nicht täuschen: wir sind es, die aus dieser Welt zurückblicken. Diese Welt verfügt über unverkennbare persönliche Merkmale, und wir haben die Wahl: wir suchen aus, was wir als uns nahestehend empfinden, und hängen es an die Zimmerwand oder erfreuen uns zumindest daran. Wir fühlen uns wohl in der Gesellschaft des Bildes und fühlen uns auch dann heimisch bei ihm, wenn wir es nicht anblicken. Aber dann – wir merken nicht, wann – beginnen wir uns in dem Bild, in dem wir bisher uns selbst erkannten, zu verlieren. Je stärker wir uns anfangs darüber freuten, desto deutlicher verlieren wir den Boden unter den Füßen. Das ist nicht der sprichwörtliche Katzenjammer, der auf den Genuss folgt. Es ist wohl eher die Erkenntnis, dass wir zwar nur auf uns vertrauen können, dass dies aber keineswegs als der stabilste Punkt zu bezeichnen ist. Im Genuss unserer selbst steckt immer etwas Sog-, etwas Strudelartiges. Wir gäben alles her für die Verlängerung dieses Genusses, obgleich wir dabei für die Welt immer mehr verloren gehen. Wir halten uns nicht mehr für objektiv, wir pfeifen auf die Realität- aber zugleich wächst unser Unbehagen: wir suchen vergebens nach festen Punkten in den Sanddünen.

Aus dem im Zimmer hängenden Gemälde können wir kaum ein Lob des Daseins herausschälen. Sogar die holländischen Landschaftsbilder, von denen Hegel meinte, sie seien für das Geruchsorgan gemalt worden, da man sie sich wegen der vielen kleinen Einzelheiten ganz aus der Nähe ansehen müsse – sogar diese Bilder sind verdächtig. Auch aus den schönsten Stillleben, den harmonischsten Genrebildern, den atemberaubendsten Landschaftsbildern bricht früher oder später die Dunkelheit der Blindfenster hervor; von der Zerbrechlichkeit zeugen nicht nur die persönlichen Züge, die Stilmerkmale und die bewusste Konstruiertheit, sondern auch die bloße Existenz des im Zimmer aufgehängten Bildes. Wenn im Schatten der Schöpfung der Künstler den Mut aufbringt, selbst zu schöpfen, nimmt etwas unrettbar Schaden. Das Verlorenheitsgefühl, zu dem die

Freude verkommen ist, zeugt davon: von dem Schaden, den der Maler auf unsere Kosten angerichtet hat, aber auch von dem Schaden, den wir als Genießer des Bildes uns selbst zuzuschreiben haben.

Einen Ausweg scheint der »innere Blick« zu bieten. Wenn Friedrich erklärt, »Wohl jede Erscheinung der Natur, richtig und würdig und sinnig aufgefasst, kann ein Gegenstand der Kunst werden«, dann gewinnt man den Eindruck, auch er verkünde die Ausschließlichkeit des sinnlichen Anblicks. Da er aber diese thematische Ungebundenheit (die in dieser Freiheit freilich erst im ausgehenden 18. Jahrhundert erstmals erschien – vorher war der Wert des Werkes grundlegend von der gewählten Thematik beeinflusst) mit dem »inneren Blick« verbindet, weiten sich die Dimensionen der Sinnlichkeit: Alles ist malbar, denn alles, was wir sehen, weist über sich selbst hinaus und auf etwas, das wir mit unseren leiblichen Augen nicht wahrnehmen können.[1]

Diese typisch konzeptualistische Auffassung ist ein Zeichen des Vertrauens zur Transzendenz und versucht den Glanz der mittelalterlichen Kunst in das Tafelbild zurückzuschmuggeln. Doch die vergangenen Jahrhunderte lassen sich nicht ignorieren. Für die symbolische Sehweise des Mittelalters ist der Glaube an die Transzendenz ein Heilszustand: nicht nur, dass Gott die Welt mit Licht überstrahlt, auch der Welt entströmt dieses Licht – deshalb kann alles Vertrauen wecken. Wird Gott aber aus der Schöpfung »verdrängt«, dann wird die Transzendenz abstrakt, und der Glaube an sie verläuft sich im Nichts. Die Abstraktion ist stets ein Zeichen dafür, dass uns vom angenommenen Absoluten eine unüberbrückbare Kluft trennt; die dichte und kompakte Gewissheit des Daseins wird immer abstrakter, unsichtbare Fesseln behindern alle unsere Regungen, bis wir letztlich an allem zu zweifeln beginnen. Friedrichs Kunst steht spürbar in diesem Zeichen, ohne dass er es sich eingestanden hätte. Die nach Heil verlangenden Gemälde fallen in die Zwiespältigkeit zurück. Sie wollen nicht allegorisch sein, denn dann würden sie auf eine Menge endlicher Zeichen reduziert, und sie können nicht symbolisch sein, weil die über den Gemälden sich wölbende Universalität des ungebrochenen Glaubens fehlt.

Die Ekstase, das ekstatische Dasein, das in seinen Bildern zuweilen auch thematisch auftaucht, jedoch als erhitzte Inbrunst sämtliche Gemälde durchdringt, scheint fähig, den Schatten des Nichts abzuwehren – solche Versuche unternimmt unablässig auch die neuzeitliche Mystik. Aber wie stellt sich die Ekstase den Betrachtern dieser Bilder dar? Als unnatürlicher Zustand, als krampfhafte Anstrengung, bei der die Seele, während sie den leer gewordenen Platz Gottes einnehmen möchte, immer und immer wieder, von Bild zu Bild, zurückstürzt. Deswegen wirken Friedrichs Bilder so *überlastet*, während sie dennoch zugleich ein *Verlustgefühl* verbreiten. Lauter Gleichnisse: Bei der übermenschlichen Kraftanstrengung wird der Mensch gewahr, dass er – Gott oder dem Nichts – sowieso unterlegen ist.

Wir kommen der Wahrheit nahe, wenn wir Friedrichs Bilder als katholische Bilder, die aus einem protestantischen Hintergrund entstanden sind, ansehen – als protestantische Gemälde mit schlechtem Gewissen. Ein katholischer Maler würde kaum solche Bilder malen, nicht nur, weil für ihn die Religion ästhetisch überzeugender ist als für einen Protestanten, auch, weil er sich leichter über seine Zweifel hinwegsetzt. Er kommt »natürlicher« in den Himmel als der Protestant, und seine Haltung zur Verdammnis wie auch zu den Genüssen, die zu ihr führen, ist großzügiger. Richard Benz fiel auf, dass der katholische *Don Giovanni* und die protestantische *Kritik der praktischen Vernunft* um die gleiche Zeit entstanden sind (Benz, 339); die kühnste Forderung letzterer, der kategorische Imperativ, ist für Mozart geradezu lächerlich. Von protestantischer Grundlage kehrt der Mensch dem Bösen den Rücken, weshalb das Böse aber natürlich nicht aufhört; er klammert es aus, tut sich immer wieder Gewalt an und empfindet dann wegen der Sünden, die aus den unterschiedlichsten Richtungen hervorbrechen und die merkwürdigsten Formen annehmen, Gewissensbisse.[2] Ein schlechtes Gewissen befällt einen, wenn man spürt, dass man etwas verdorben hat. Gewissensbisse kann man wegen vielerlei bekommen; am quälendsten sind die, die wir vor uns selbst haben. Aber es gibt kaum Gewissensbisse, die man letzten Endes nicht vor sich selbst hat – man denke nur an die zweifelhafte Genüsslichkeit, mit der der Mensch so oft auf etwas zu geht, von dem er weiß, dass es ihm Gewissensbisse verursachen wird; er genießt den Schmerz im Voraus. Ganz sonderbar ist es, dass in diesen Fällen nicht wir zu handeln scheinen, sondern ein uns fremdes Selbst – es ist, als würde der erbarmungslose Mechanismus, der den Menschen dann antreibt, von einer ganz tiefen, »ichfremden« Energie gespeist. Diese Energie ist rätselhaft. Die Gewissensbisse öffnen jedenfalls das Tor zum innersten Selbst. Negativsignal: Der Mensch bekommt Gewissensbisse, wenn er bei einem Schritt sein eigenes Wesen verfehlt hat. Und das schmerzt schon, denn feststellbar ist nur die Tatsache des Verfehlens, nachträglich; das Wesen selbst jedoch bleibt weiterhin ein Geheimnis. Bisher hatten wir über dieses Wesen nicht einmal nachgedacht; aber jetzt, da wir von seiner Existenz wissen, erleben wir uns selbst intensiver. Das Leid rührt gerade daher, dass der letzte Horizont ein Geheimnis bleibt. Je heftiger wir uns selbst erleben, desto ausgelieferter fühlen wir uns – ausgeliefert unserem Selbst, dem wir vorher stärker als allem anderen vertraut hatten. »Werk- und Spielzeuge sind Sinn und Geist: hinter ihnen liegt noch das Selbst. Das Selbst sucht auch mit den Augen der Sinne, es horcht auch mit den Ohren des Geistes«, schreibt Nietzsche. »Immer horcht das Selbst und sucht: es vergleicht, bezwingt, erobert, zerstört. Es herrscht und ist auch des Ich's Beherrscher. Hinter deinen Gedanken und Gefühlen, mein Bruder, steht ein mächtiger Gebieter, ein unbekannter Weiser, die terra incognita – der heißt Selbst« (Nietzsche, IV, 39–40). Es ist dieses Selbst, das Franz Rosenzweig später »eine aus Unbekanntem in Unbekanntes führende Grade« nennt (Rosenzweig, 78) und das er im Gegensatz zur Persönlichkeit für nicht annäherbar hält, denn »das Selbst ... stellt sich ... unmittelbar dem Gott gegenüber« (ebenda, 75). Bei den Gewissensbissen ist die Kehrseite unseres auch durch uns nicht annäherbaren, unbekannten Wesens erahnbar – deshalb ist dieser Zustand so verheißungsvoll, und deshalb bietet er dennoch so wenig. Wenn er seine Gewissensbisse prüft, sinkt der Mensch schwindelnd in den Abgrund des unbekannten Selbst: Er nennt zwar Gott, aber erlebnishaft wird ihm doch nur die Tatsache des Verfehlens. Und weil er nicht weiß, was er eigentlich verfehlt hat, rückt in noch schmerzlichere Ferne, was ohnehin nicht in handgreiflicher Nähe war.

UNSICHTBARE PROVINZEN

Mancherlei kann ein schlechtes Gewissen auslösen. »Ein Metaphysikus mit dem Pinsel«, so wurde Friedrich von einem Freund genannt (vgl. Eimer, 181) und das mag schon Grund genug zu Gewissensbissen gewesen sein. Denn ist die Malerei mit der Metaphysik vereinbar? Kann aus der Kunst eine neue Theologie erwachsen? Über das Bild *Das Innere einer Kirchenruine* (BS/J 379) vertrat ein Kritiker 1829 diese Meinung: »Als rhetorisches Gleichniß in einer blumenreichen Predigt, wie etwa die des Chrysostomus, würde eine solche Allegorie sich unstreitig gut ausnehmen« (zit. nach Börsch-Supan/Jähnig, 115). Doch derlei habe, fügt er hinzu, in der Malerei nichts zu suchen. Viel früher und offenherziger hatte der schon mehrmals zitierte Ramdohr über den Tetschener Altar geschrieben: »Die Landschaftsmalerei will sich in die Kirchen schleichen und auf die Altäre kriechen« (Hinz. 154). »Wo soll der ›Geschichtsmaler‹ noch Gelegenheit finden, seine frommen Kompositionen anzubringen, wenn die im Ganzen wohlfeilere und schneller zu verfertigende Landschaft denjenigen Platz einnimmt, den die Geschichte doch unstreitig würdiger anspricht?« (Hinz, 182)

Die Landschaftsmalerei, die die Allmacht Gottes verkünden und religiöse Gesinnung wecken will, ohne Jesus, Maria oder die Requisiten der christlichen Mythologie darzustellen, stellt das Gewissen in der Tat auf die Probe. Es handelt sich nicht nur darum, dass die kreatürliche Welt zu Gottes einzigem

Altar wird, es geht auch darum, dass der so angebetete Gott zum Gegenstand ästhetischer Anbetung wird. Die Natur an sich gelangte nie auf den Altar, dieser zeigte stets den christlichen Kosmos, und wenn innerhalb dieses Kosmos die Natur in Erscheinung trat, dann bildete die sinnliche Welt – wie im Fall des 1432 entstandenen Genter Altars der Brüder Eyck, der in dieser Hinsicht vermutlich das namhafteste Beispiel ist – ein Element der christlichen Heilsgeschichte. Und als im 16. und 17. Jahrhundert einige visionäre Maler, wie Altdorfer, Hercules Seghers oder Adam Elsheimer, die Natur an sich darstellten oder innerhalb des Bildes stark betonten, drückte sich in ihren Bildern das Gefühl für die magische Natur aus. Diese Landschaftsmalerei ist wahrhaftig eine tragische Malerei, anders als die Friedrich'sche, die der französische Bildhauer David d'Angers, der ihn besuchte, eine tragische Landschaftsmalerei nannte. Die später vergessene Landschaftsmalerei des 16. Jahrhunderts sah in der Landschaft nicht eine Station der Heilsgeschichte, sondern eine sich selbst überlassene Welt, in der die von Gott verlassene Kreatur sich nur auf die eigene Kraft verlassen kann – davon sind diese Landschaften so bedrückend, geheimnisvoll und verwildert.

In der Geschichte der Landschaftsmalerei ist Friedrich der erste Maler, der die Landschaft an sich auf den Altar setzen wollte und das Landschaftsbild als Altarbild betrachtete. Das bezieht sich nicht nur auf den Tetschener Altar, der von vornherein für eine Kapelle gedacht war[1], sondern auch auf seine viel bedeutenderen Bilder. Die Landschaft dient in jedem Fall dazu Anbetung, Andacht zu wecken. Das aber schrieb nicht nur dem Verhältnis zur Landschaft, sondern auch der Malerei einen neuen Weg vor. In der früheren Landschaftsmalerei nämlich-und das gilt für die niederländischen realistischen Landschaftsbilder, die Poussinschen und Lorrainschen heroischen Landschaftsbilder, die klassizistischen Landschaften und die Veduten gleichermaßen – hatten die Landschaften immer den Anschein von Objektivität wecken wollen. Die Maler wollten *die* Landschaft malen – Landschaften, die auch dann so wären, wenn auf der Erde niemand lebte, der über sie berichten könnte. Sie bieten den Eindruck »göttlicher Unvoreingenommenheit«; aber das macht sie auch verletzbar: Die Melancholie in den Bildern der Größten (Ruisdael, Lorrain, Poussin) bezeugt, dass sich der Maler von der Objektivität und Distanziertheit umso mehr entfernt, je tiefer er in den spezifischen Charakter einer Landschaft eindringen will. Gegen das gestellte Ziel werden die Bilder auf diese Weise wirklich tief; sie künden nicht von der Größe und Ewigkeit der Natur, sondern von der Hinfälligkeit und Zerbrechlichkeit des Menschen.

Hinfälligkeit bedeutet nicht Schwäche oder Ausgeliefertheit, sondern die Tatsache der Unausschaltbarkeit des menschlichen Gesichtspunktes. Friedrichs Malerei ist das erste Beispiel dafür, dass die Hinfälligkeit nicht unbemerkt und entgegen der Absicht des Malers ins Bild gelangt, sondern dass er sich offen zu ihr bekennt und seine »Subjektivität« für einzig gültig in der Welt ansieht. Friedrich durchlebt diese Hinfälligkeit in solchem Maß, dass sie in seinen Bildern zur Quelle einer besonderen Kraft wird, zu einem Negativ-Stolz, den der Mensch empfindet, wenn er einsieht, dass er einzig und allein auf sich selbst hoffen kann: nicht Gott, sondern nur er entscheidet, was in der Welt welches Gewicht hat. So kann die Landschaft bei Friedrich eine Quelle des Geheimnisses sein: Wir spüren, dass dies nicht die Natur »als solche«, sondern ein Schleier ist. Das Gewebe dieses Schleiers ist die Seele; nur durch sie können wir die Welt sehen, in der wir natürlich immer nur unser eigenes unverhülltes, unverschleiertes Ich erblicken und bestätigt sehen möchten. Mit diesem Suchen verwandt ist der Gottesglaube; ähnlich wie die Naturverehrung ist er ein Umweg, der zu uns selbst führen soll. Auch

Friedrich möchte unablässig sein eigenes unverhülltes Ich erblicken – vor ihm hat nie jemand so offen subjektive Bilder gemalt –, und dabei verfitzt er sich immer hoffnungsloser in die Fragen des Glaubens – eine so inbrünstige Malerei hatte es früher auch nicht gegeben.

In Friedrichs Bildern wird der Mensch ständig von der Natur hinters Licht geführt: sie schwindelt uns vor, wir würden Gott ebenso finden wie uns selbst, während sie uns gleichzeitig immer weiter von beiden wegführt. In Wirklichkeit macht sie nur der Sehnsucht den Weg frei, von der der Mensch, nachdem er auf der Suche nach Gott und sich selbst auf Irrwege geraten ist, nicht weiß, worauf sie sich richtet. Die Natur ist für Friedrich Heimstatt der Vergänglichkeit und der Ewigkeit gleichermaßen – aber sie bietet keine Chance, die beiden miteinander auszusöhnen. Die erscheinende Landschaft veranlasst den Betrachter deshalb, immer wieder von neuem Anlauf zu nehmen – es geht spürbar um mehr als die Vorstellung einer Landschaft, aber der Maler verrät nicht, was dieses Mehr ist.

Dadurch wirken die Gestalten, die Friedrich uns mit Vorliebe den Rücken sehen lässt, so rätselhaft. Immer betrachten sie die vor ihnen liegende Landschaft, aber sie fühlen sich in ihr nicht heimisch, ihr Blick reicht über sie hinaus. Nur von wenigen sehen wir das Gesicht, und es ist fraglich, ob die anderen überhaupt ein Gesicht haben. Friedrich versuchte das Unmögliche: Er bewies, dass man uns auf vielfältige Weise den Rücken zuwenden kann. Es kann jemand so dastehen, dass wir ihn als Gefährten empfinden (*Der Mönch am Meer* [BS/J 168]), oder so, dass er seine Selbständigkeit wahrt und Distanz zwischen dem Betrachter und der Landschaft herstellt (*Zwei Männer in Betrachtung des Mondes* [BS/J 261]), oder ganz intensiv so, dass wir nicht entscheiden können, ob der Betreffende ein Mensch oder nicht eher eine Statue ist (*Frau*

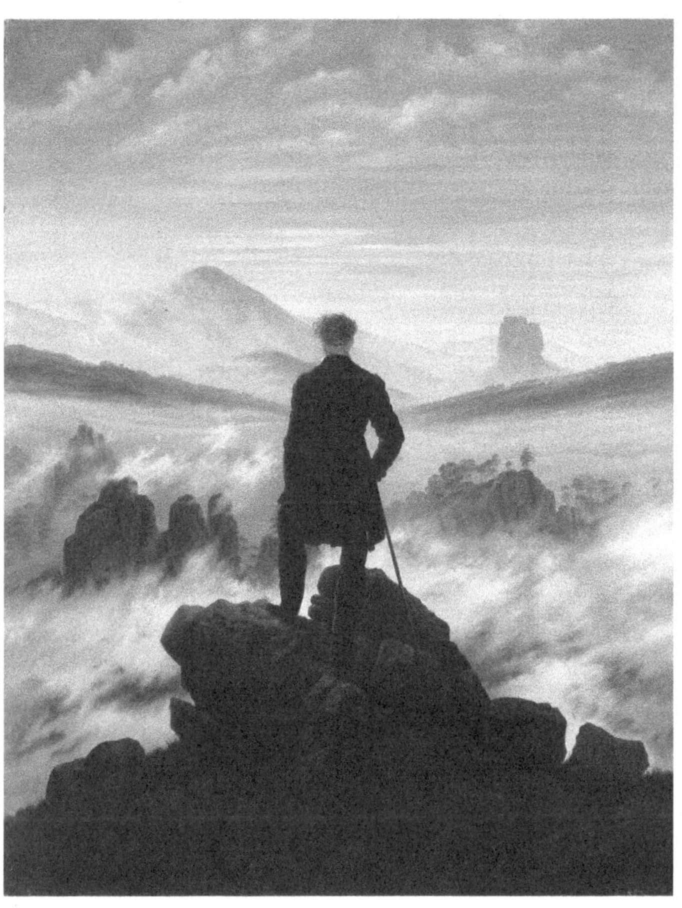

C. D. Friedrich: Der Wanderer über dem Nebelmeer, um 1818. Hamburg, Kunsthalle.

vor der untergehenden Sonne [BS/J 249], *Der Wanderer über dem Nebelmeer* [BS/J 250]). Auf den letztgenannten Bildern sehen wir Gestalten, die uns in Wirklichkeit nicht mehr den Rücken zuwenden; vielleicht haben sie gar kein Gesicht, sondern nur den Rücken, und stehen eigentlich uns zugewandt. Der Rücken ist für sie das gleiche wie für uns das Gesicht, und wir wollen gar nicht, dass sie sich umdrehen: womöglich bekämen wir statt des lebendigen Rückens eine Totenmaske, ein verwesendes Gesicht, einen Schädel zu sehen.

Die Gestalten, die mit dem Rücken zu uns stehen, fuhren nicht nur in die Landschaft hinein, sie entfremden auch von ihr. Es ist, als wollten sie die Welt erobern und zögerten doch, in die Landschaft zu treten. Sie beten Gott und zugleich die kreatürliche Welt an, ohne sich ihm oder ihr restlos hingeben zu können; sie sind hin und her gerissen zwischen Zaudern und Glauben. Friedrich stimmte vermutlich denjenigen zeitgenössischen Naturphilosophen zu, die – wie Gotthilf Heinrich von Schubert und Franz von Baader[2] – in der Natur nicht das Terrain der universellen Aussöhnung sahen, sondern ähnlich wie Jakob Böhme gleichzeitig die Gegenwart Gottes und das ewige Zugrundegehen, das Leben und den Tod verspürten, zwischen denen von Aussöhnung oder Auflösung der Gegensätze keine Rede sein kann. So ruhevoll in Friedrichs Bildern die Natur auch erscheint, sie ist ein Kampfplatz, auf dem das Schicksal des Menschen von vornherein besiegelt ist. Friedrich malt die Landschaft nicht, weil sie »schön« ist – für ihn stehen vermutlich alle Landschaften Gott gleich nahe –, sondern weil sie die einzige Möglichkeit bedeutet, Leben und Sterben oder, etwas verfeinert, Heimischsein und Wegwollen gleichzeitig zu verdeutlichen. Die Landschaft ist nichts anderes als das Schicksal des Menschen[3]; hier erkennt der Mensch seine geistige Überlegenheit, doch zugleich auch seine unendliche Kleinheit. Die Natur kommt – um einen schönen Gedanken Hegels zu zitieren – im Menschen dahin, sich selbst zu betrachten. Das hat jedoch seinen Preis: Der Mensch ist letzten Endes nur ein Körperteil, ein »Auge« der Natur, die sich im Menschen zu Geist »abklärt« und sich selbst übertrifft, während sie den damit einhergehenden Schmerz auf den Menschen abwälzt.

Die mit dem Rücken zu uns stehenden Gestalten, die diese Kraftanstrengung betrachten und zugleich erleiden, sind so allein, dass wir sie gottartig nennen könnten. Offensichtlich genießen sie ihre Einsamkeit auch. Das wiederum ist nichts anderes als eine subtile Art von Gottesleugnung. Diese Gestalten stellen ihre zufällige Existenz vor alles andere, und ihre Subjektivität wird zur Bindesubstanz der Welt: In ihnen wird nicht nur das Auge, in ihnen werden alle Nervenfasern der Natur lebendig. In der Natur erkennen sie ihr eigenes Leben wieder, was mit anderen Worten bedeutet, dass sie es auch sind, die ähnlich wie Zauberer die Welt schöpfen – schlössen sie die Augen, verschwände alles. Sie haben Gott das Schöpfungsrecht entwendet.

Verständlich, dass gerade in Friedrichs Zeit der Gedanke gemeingültig wurde, Aufgabe der Landschaftsmalerei sei es, Stimmungen zu wecken.[4] Deshalb konnte zu Beginn des vergangenen Jahrhunderts der Kunsthistoriker Carl Ludwig Fernow von der Landschaftsmalerei sagen, über eine »gewisse Stimmung« hinaus sei kein bestimmter Inhalt nötig; deshalb kann Adam Müller in seiner schon zitierten Schrift behaupten, die Landschaftsmalerei sei ihrem innersten Wesen nach religiöse Malerei[5] – und darauf bezieht sich auch eine Notiz Ludwig Tiecks; er erzählt, einmal, kurz vor dessen Tod, habe er mit Novalis über die Landschaftsmalerei debattiert und die Argumente des Freundes nicht verstanden, sie hätten ihm erst eingeleuchtet, als er Friedrichs Gemälden begegnete.

Das so verstandene Landschaftsbild hat mit der »objektiven« Natur soviel zu tun wie das lebendige religiöse Empfinden mit der kanonisierten Religion. Das Fühlen müsse jedem Gegenstand vorausgehen, sagt Philipp Otto Runge, der viel von den Gemälden seines Kollegen Friedrich hielt. In einem Aufsatz gibt Runge auch rückwirkend eine Neubewertung der Geschichte der Malerei: »Michelangelo war der höchste Punct in der Komposition, das ›Jüngste Gericht‹ ist der Grenzstein der historischen Komposition, schon Raffael hat sehr vieles nicht rein historisch Komponiertes geliefert, die Madonna in Dresden ist offenbar nur eine Empfindung, die er durch die so wohlbekannten Gestalten ausgedrückt hat, nach ihm ist eigentlich nichts Historisches mehr entstanden.« Und es folgt der entscheidende Satz: »Alle schönen Kompositionen neigen sich zur Landschaft hin« (Runge, 238). Runge brachte den Aufschwung der Landschaftsmalerei scharfsinnig mit dem Verfall der Religion in Zusammenhang; heutzutage gehe, so schreibt er, »wieder etwas zugrunde; wir stehen am Rande aller Religionen, die aus der katholischen entsprangen, die Abstraktionen gehen zugrunde, alles ist luftiger und leichter als das Bisherige, es drängt sich alles zur Landschaft, sucht etwas Bestimmtes in dieser Unbestimmtheit und weiß nicht wie es anzufangen« (ebenda).

Doch wenn es keine allumfassende Mythologie gibt, von der auch die mittelalterlichen Altarbilder lebten, dann ist die aus den Landschaftsbildern erblühende Welt den Gesetzen weniger des Glaubens, als vielmehr der sinnlichen Wahrnehmung unterworfen. Nicht der Glaube flößt der Kunst Leben ein, sondern die Kunst dem Glauben, und das bedeutet: Während im ersten Fall der Glaube so universell ist, dass man strenggenommen die Grenzen der Kunst gar nicht bestimmen kann, erscheint im zweiten die sinnliche Welt als einziger sicherer Anhaltspunkt. In diesem Fall sind die Grenzen des Daseins in der Kunst am deutlichsten erkennbar, doch bedeutet sie nicht einfach das Erschaffen von Kunstgegenständen, die Spiegelung der sogenannten Wirklichkeit oder die bloße Darstellung von etwas, sondern sie ist eine weltschöpferische Geste – nicht nur insofern, als jedes einzelne Kunstwerk als geschlossene, selbständige Welt in Erscheinung tritt, sondern auch insofern, als jedes Kunstwerk die Grenzen des Daseins nach außen verschiebt und die ohnehin nicht leichte Welt noch gewichtiger macht. Dass »die Kunst eigentlich der Mittelpunkt der Welt, der Mittelpunkt des höchsten geistigen Strebens ist und die Künstler im Kreise um diesen Punkt stehen«, ließen wir Friedrich schon an anderer Stelle sagen (Hinz, 157). Die als innerstes Wesen des Lebens interpretierte Kunst ist eine Art Theologie – wenn diese Theologie auch nicht von Gott handelt, sondern von einer unendlichen Sehnsucht, wie sie keinerlei Gott befriedigen kann. »Alle Begebenheiten in der Welt als Handlungen eines Gottes vorstellen, das ist Religion, es drükt ihre Beziehung auf ein unendliches Ganzes aus, aber über dem Sein dieses Gottes vor der Welt und außer der Welt grübeln, mag in der Metaphysik gut und nöthig sein, in der Religion wird auch das nur leere Mythologie« (Schleiermacher, 214–5), sagte der protestantische Theologe Schleiermacher, zu dem Friedrich persönliche Beziehungen unterhielt. Die so verstandene Religion kommt im Wesentlichen der Kunst gleich, die ebenfalls berufen ist, alles zu »durch«seelen. Wie jedoch diese Religion keine geschlossene Form erträgt, so bleiben auch die Kunstwerke, die mit solch grenzenlosem Anspruch entstehen, bruchstückhaft. Die »großen« Werke werden Bruchstücke des Lebens; sie verdanken ihre Existenz einem Bruch, der aus der Unversöhnlichkeit zwischen der auf Unendlichkeit gerichteten Sehnsucht und der Gebundenheit im Endlichen hervorgeht.[6]

Das Tafelbild, diese so intime Variante der Malerei, lebt von diesem Widerspruch; das Bild will das Universum vorfuhren, »so, wie es ist« – doch der Besucher sucht im Bild nicht nach ihm, sondern nach sich selbst, und er findet sich: Er sieht sein eigenes Leben bestätigt oder in Frage gestellt. Jedes Bild ist ein Geständnis; aber es eröffnet sich nur im Verborgenen, schamhaft. Friedrich legt in dieser Hinsicht die extremste Haltung an den Tag: Er entledigte sich aller Scham. Das Geständnis schleicht sich hier nicht durch die Hintertür ein, es tritt dem Betrachter Auge in Auge entgegen. Es handelt sich nicht um eine technische Lösung oder einen Trick, sondern um mehr: um einen riskanten Versuch. Die »Hemmungslosigkeit« nämlich, von der Friedrichs kühl und zurückhaltend wirkende Bilder so erglühen, können zum Kitsch ebenso führen wie zur Ablehnung aller thematischer und gegenständlicher Berufung. Auch der Kitsch legt sein Geständnis offen ab, Auge in Auge – doch ohne Rücksicht auf die dabei entstehenden malerischen Probleme. Nicht zufällig konnte Friedrichs Malerei zum vielleicht fruchtbarsten Boden der kitschigen Landschaftsmalerei werden. Der entscheidende Unterschied ist der, dass Kitsch nicht *allmächtig* sein will. Er nimmt zwar offen das Geständnis in Kauf, aber er macht daraus keine subjektive Mythologie. Das Geständnis wird dadurch zu einem Gefühlserguss, in dem man unschwer der Eitelkeit auf die Spur kommt. Denn es liegt im Wesen des Kitsches, dass sich der Maler nicht zu seiner Hinfälligkeit bekennt, dass er vielmehr den Betrachter vom Gegenteil überzeugen will – er stellt sich als unfehlbar, als unbeirrbar hin. Kitschige Werke wollen immer mit einer Offenbarung aufwarten; sie urteilen mit unüberbietbarer Sicherheit über die Belange des Lebens – darüber, was schön, was hässlich, was anziehend, was abstoßend ist –, und das macht sie so überwältigend und zugleich so langweilig.

Das Geständnis, das auf einem elementaren Bedürfnis fußt, bewegt sich auf viel schwankenderem Grund. In einem Geständnis im weitestmöglichen Sinn nur findet der Mensch zu sich selbst, im Geständnis gebärt er sich und entnimmt er der Welt sein mehr oder weniger reiches oder armes Reich.

Worte sind nicht unbedingt nötig, auch nicht ein Publikum: Indem wir uns in einem Geständnis aufschließen, suchen wir letzten Endes uns selbst. Spezifische Ausrichtung der Betrachtungsweise, Entfaltung der durch die Veranlagung gegebenen Möglichkeiten, ein zielstrebiger Blick, Mut oder auch nur eine Portion Humor – das genügt schon, damit der Mensch sich, mit Heideggers Worten, entschließt und nicht durch gemimte Kraft, sondern durch seine frei in Kauf genommene Zerbrechlichkeit die Haltung findet, nach der sich jeder sehnt.

DER NEBEL WIRD DICHTER

Einmal besuchten einige aristokratische Damen Friedrich im Atelier. Der Maler arbeitete gerade an seinem neuesten Bild, das Berge in nebliger Ferne und in der Höhe einen fliegenden Adler darstellte. Der Archäologe Karl August Böttiger, der die Damen begleitete, begann wortreich und enthusiastisch die Schönheit und tiefe Bedeutung dieses *Seestücks* zu preisen, so dass Friedrich das Gemälde ärgerlich von der Staffelei nahm (vgl. Hinz, 204). Ähnlich erging es ihm mit einem anderen Bekannten; der hob ein Bild, das eine bewölkte Meereslandschaft zeigte, verkehrt herum auf die Staffelei und hielt die Wolken für Wasser, das Wasser für Wolken (ebenda).

Die Geschichte erinnert lebhaft an den berühmten Vorfall mit Kandinsky. Als er in den zehner Jahren eines frühen Abends in sein Münchener Atelier trat, erblickte er an die Wand gelehnt ein »unbeschreiblich schönes, von einem inneren Glühen durchtränktes Bild«. Flink eilte er zu diesem Bild voller Farben und Formen ohne Bedeutung, und da erst erkannte er, dass es sein eigenes war, aber auf den Kopf gestellt. Wenig später gab er die Parole »Alles ist erlaubt« aus. Was natürlich nicht der wilden Willkür Tür und Tor öffnete, sondern dem bedingungslosen Gehorsam gegenüber der bildlichen Logik, der inneren Notwendigkeit. In seinem Interesse darf man alles machen.

Es mag überraschen, aber Friedrich war ebenso der Unverständlichkeit und damit des Nichtssagens bezichtigt wie später

Kandinsky, der übrigens – wir erwähnten es – unter anderem in der Malerei Friedrichs den Beginn der abstrakten Kunst entdeckte. Herzog August von Sachsen-Gotha wandte hauptsächlich ein, man könne sich Friedrichs Bilder von allen beliebigen Seiten ansehen, ohne zu erkennen, was sie darstellen; er hielt sie, da sich an den »naturgetreu« gemalten Vordergrund ohne jeden Übergang der mittels der Lasurtechnik irreal gestaltete Hintergrund anschließt, für unnatürlich und verworren (vgl. Sumowski, 30). Goethe[1] begründete seine Abneigung unter anderem damit, dass Friedrichs Gemälde umgekehrt aufgehängt genauso viel bedeuteten. Über das Ölgemälde *Eule vor dem Mond* (BSJ 267) äußerte 1820 ein Kritiker, statt des Bildes hätte Friedrich ruhig auch eine leere Leinwand ausstellen können, denn sie hätte einen ähnlich tiefen Sinn (vgl. Börsch-Supan/Jähnig, 91). Und die folgende Kritik aus dem Jahr 1827 hätte auch über Kandinsky geschrieben werden können: »Seine Erhabenheit ist oft auf Leere gegründet, welche aber, in wundersame Harmonie des Farbtons getaucht, durch große hingeworfene Andeutungen das poetische Gemüt mehr ahnen als erraten läßt, als Fülle und bestimmtere Gestaltung zu geben vermögen. Dass der Beschauer vor den Werken dieses Künstlers gezwungen wird, selbst zu dichten, um sie zu ergänzen, gibt ihnen gerade einen so eigentümlichen Zauber« (zit. nach Börsch-Supan/Jähnig, 111).

Mit heutigen Augen betrachtet, wirkt das alles unverständlich. Es trifft zwar zu, dass manche Gemälde auch umgekehrt gesehen ebenso reich, poetisch und gefühlvoll sind – z. B. *Das Große Gehege* (BS/J389), *Mondaufgang am Meer* (BS/J 281) –, aber wenn man die Malerei der vergangenen hundert Jahre kennt, sind diese Bilder eben doch traditionell. Nehmen wir jedoch an, die spätere Entwicklung der Malerei sei, wie für die zeitgenössischen Kritiker, nicht bekannt, dann ist all das, was der Friedrich'schen Malerei ihre besondere Stimmung verleiht, ein Zeichen der Loslösung von der Malerei seiner Zeit. Die traditionelle religiöse Malerei, das bürgerliche Genrebild und die herrschende Landschaftsmalerei lehnte Friedrich ab, weil sie, so seine Überzeugung, die Phantasie in Schranken zwängten; wenn der Malerei ein Ziel gesetzt werde, höre sie auf, Kunst zu sein. Das Werk müsse einem inneren Bedürfnis, einer inneren Notwendigkeit entspringen. Das war an sich keine neue Erkenntnis; ihr verdankte die neuzeitliche Tafelbildmalerei ihre Entstehung, und sie konnte auch durch das Auftragssystem, das Mäzenatentum und die traditionellen thematischen Bindungen nicht in Vergessenheit geraten. Aber für Friedrich wuchs das erwähnte Paradoxon, das der Tafelbildmalerei innewohnte (Verdeutlichung der »objektiven« Wirklichkeit mit Hilfe des subjektiven Geständnisses, »so tun, als ob«), zu einem unversöhnlichen Widerspruch: Die Verabsolutierung der Innerlichkeit und die restlose Ausschöpfung der Energien der Persönlichkeit weckten sein Verlangen, sich radikal von den Bindungen zu lösen.[2] In Friedrichs Bildern suchen wir vergebens nach einer »objektiven« Grundlage der Thematik; sie verdankt ihre Existenz in solchem Maß dem freien Strom der Innerlichkeit, dass wir seine Bilder ohne weiteres als Vorläufer der späteren abstrakten Malerei ansehen können.[3]

Hyppolite Fortoul, ein französischer Kritiker, der unmittelbar nach Friedrichs Tod Dresden besuchte, nannte diesen einen »kühnen Gegner des Systems einer genauen Nachahmung« (Vaisse, 30). Das ist treffend; Friedrichs Ziel war tatsächlich nicht die Nachahmung, und zwar aus zwei Gründen: Zum einen können sich die Sehnsucht nach dem Unendlichen und der Gegenstand niemals restlos decken, und zum anderen kann man keinerlei Gefühl *unmittelbar* darstellen. Das durch die Gegenstände gezeigte Gefühl ist stilisiert und deckt sich nicht mit dem Originalerlebnis, und je deskriptiver, gegenstandsgemäßer das Thema ist, desto weiter entfernt sich der Künstler von dem, was er wirklich ausdrücken möchte.

Lässt sich die reine Innerlichkeit malen? Schließt die Vermittlung nicht die Möglichkeit der elementarsten Manifestation aus? Denn wenn sie mitteilbar oder verständlich wird, ist sie nicht mehr nur innerlich, und je mehr Verstehende sie gewinnt, desto größer ist die Gefahr, dass etwas verlorengeht. Überströmende Gefühle führen in der Regel zum Verstummen; wie sonst könnten wir uns das scheinbar unbegründete Schweigen erklären, das uns in bedrängter oder kritischer Lage befällt? Die anfängliche Glut entartet in unartikuliertes Stammeln, und zuletzt reden nur die Augen. Das »reine Innere« existiert ebenso wenig wie ein Punkt, und dennoch halten wir dieses nicht existierende, unfassliche Innere für den stabilsten Beweis unserer Existenz. Wo wir es auch suchen, es entgleitet unseren Fingern, und das ist ganz natürlich: es ist kein Gegenstand, keine Sache. Dennoch scheint es den Menschen wie ein Netz zu umfangen, von der Farbe und Substanz der Haut über die Haltung und den Blick bis hin zur Stimme, Mimik und Bewegung spricht alles von ihm. Unsere eigene Existenz können wir nur gegenständlich beweisen, nämlich mit den Körpermerkmalen in physischem Sinn, nur mit etwas, das uns mitteilbar, hingebbar macht. Aber davon sind wir noch nicht die, die wir sind, und auch den anderen bekommen wir nicht davon, dass wir seinen Körper als unser eigen betrachten können. Mit unserem eigenen Fingerabdruck haben wir so viel gemein wie mit einem fernen Stern – und dennoch ist dieser Fingerabdruck für uns das selbstverständlichste. Wenn irgendwo, dann steckt unser Ich in diesem unermesslichen Riss; dieser Riss selbst ist das Ich. Und es erscheint nicht nur uns selbst als Riss, in dem lebend wir in jedem bewussten Augenblick mit Beruhigung fühlen, dass wir zu uns gefunden haben, während wir gleichzeitig immer wieder überrascht sind, dass wir uns eigentlich gar nicht verloren haben. Ein Abgrund ist es auch zu anderen hin: Wir halten unsere Existenz gegenseitig für selbstverständlich und zugleich für ungeheuer eigentümlich.

Das unfassliche und dennoch offensichtliche »Innere« kann sich an die Gegenstände nur vorübergehend klammern; je krampfhafter es das tut, desto größer ist die Ernüchterung, die mit der Zeit auch die leidenschaftlichsten Sammler nicht verschont. Wir sind es, die den Gegenständen Werte geben; aber in dem Augenblick, wo wir darüber nachdenken, woher diese unsere Fähigkeit rührt, wird alles fraglich. Das Abstraktwerden der neuzeitlichen Malerei bereitete zu Beginn des vergangenen Jahrhunderts diese beunruhigende Erkenntnis vor. Die Tafelbildmalerei, die das subjektive Geständnis in thematische Rahmen sperrte, suggerierte, auch mit ihrer Methode, unausgesprochen, das Innere, das Ich verfüge über eine objektive Existenzgrundlage, auch wenn seine Garantie nicht mehr von Gott gegeben werde. Wenn aber das Innere angeblich auch objektiv fasslich ist, warum kann man es dann trotzdem nicht restlos malen? In der Malerei musste Friedrich in Erscheinung treten, damit diese Frage überhaupt so gestellt werden konnte. Wenn der Mensch gewahrt, dass er die Existenzgrundlage seiner Persönlichkeit ausschließlich in sich selbst finden kann und den Zweck seines Daseins in sich selbst trägt, dann erscheint die Einmaligkeit und Unersetzlichkeit seines Lebens als ein Fels, den ein niemals endgültig überbrückbarer Abgrund umgibt. Damit wird auch die sogenannte objektive Garantie zweifelhaft: Wenn der Mensch seine Fähigkeit verloren hat, sich restlos Gott hinzugeben bzw. von der kreatürlichen Welt Erlösung zu erhoffen, dann wählt er sich selbst. Das ist ein Zeichen des Hochmuts ebenso wie der Beraubtheit: Der Mensch fühlt sich paradoxerweise dann beraubt, wenn er sich der außergewöhnlichen Einmaligkeit seines Lebens bewusst wird, und er fühlt dann die drohende Armut, wenn er den Reichtum seines Lebens im verschwenderischen Eigengesetzlichen seiner Existenz erkennt. Diesen paradoxen Zustand macht allein die Hoffnung, die Hoffnung bis zum Grab erträglich: könnte es nicht sein, dass es doch nicht so ist?[4]

»Was soll den fehlenden Gegenstand ersetzen?« fragte Kandinsky, und wenngleich seine Frage sich auf das kompositionelle Problem der Malerei bezog, kann man nicht umhin, aus ihr den hinter der Hoffnung versteckten Zweifel herauszuhören, der nicht nur dem »thematischen Charakter« der Tafelbildmalerei, sondern auch ihrer Existenzgrundlage galt. Wenn sich die Malerei »nach innen« wendet, werde sie der Musik ähnlich, sagte Novalis: dann sei sie von der Welt rundum ebenso unabhängig und ihr ebenso voraus wie die Musik. Die so verstandene Malerei kann sich strenggenommen auf nichts festlegen; wie die Musik muss sie das ins Unendliche gerichtete Wollen und Begehren ausdrücken.[5] Als die Zeitgenossen aus Friedrichs Werken Hieroglyphen herauslasen, wurden sie auf die Eigenheit der Bilder aufmerksam, dass sie mehr enthalten, als sie darstellen: Hieroglyphen laden den Betrachter zur Plauderei mit dem Unbekannten ein. Die Hieroglyphen bedeuten Friedrich nicht nur – wie Novalis oder Gotthilf Heinrich Schubert[6] – eine verschlüsselte Sprache der Natur, sondern auch Klippen: man kann sich vorübergehend an ihnen festhalten. Doch von den Klippen ist das Festland nicht zu sehen; sie ähneln den Felsen in dem Bild *Der Wanderer über dem Nebelmeer* (BS/J 250), von denen man nur in den Nebel springen kann.

Das »reine Gefühl« gleicht tatsächlich dem Nebel; wenn sich der Mensch auf es verlässt, ist er für die Welt verloren und gerät ins Stolpern. In keiner sich bietenden Situation findet er Halt, denn ihn zieht das Unbekannte an. Wer liebt den Nebel nicht? Wen erregt das Abenteuer der Unbehaustheit nicht? Die Verlassenheit kann auch verlockend sein; oft vermag der Mensch gerade dann »zu sich zu finden« und den inneren Nebel zu entdecken, der sich vom äußeren nicht sehr unterscheidet.

Der Nebel in Friedrichs Malerei ließe sich mit dem Generalbass in der Musik vergleichen: je unbestimmter die Welt wird, umso intensiver ist sie sinnlich wahrnehmbar.[7] »Wessen Auge und Sinn zu stumpf ist«, schreibt Friedrich, »das große weiße Tuch, der Inbegriff der höchsten Reinheit, worunter die Natur sich zu einem neuen Leben vorbereitet, mit seinem zarten Farbenspiel zu erkennen, oder wessen Phantasie arm ist und im Nebel nichts als grau sieht, (bei dem) läßt sich die Abneigung wohl erklären. Wenn eine Gegend sich in Nebel hüllt, erscheint sie größer, erhabener und erhöht die Einbildungskraft und spannt die Erwartung gleich einem verschleierten Mädchen. Auge und Phantasie fühlen sich im allgemeinen mehr von der duftigen Ferne angezogen als von dem, so nah und klar vor Augen liegt« (Hinz, 133).[8] Schubert berichtet, Friedrich habe einmal ein Bild gemalt, auf dem nur Wolken aus der Höhe zu sehen waren, als hätte sich ein Fliegender über sie erhoben. Nebel und Wolken interessierten ihn nicht einfach als Naturerscheinung und schon gar nicht als Gegenstand naturwissenschaftlicher Untersuchungen; er sah in ihnen eher eine Möglichkeit, sich von jedem konkreten Anblick zu lösen oder wenigstens die Bindungen zu beseitigen.[9] Auch *Elbschiff im Frühnebel* (BS/J 283) ist mehr als ein einfaches Landschaftsbild. Der sehr genau gemalte Vordergrund und der neblige Hintergrund deuten auf den Kontrast zweier Welten hin: Der an Sehenswertem reichen, handgreiflichen Welt steht die unbestimmte, dem Auge wenig bietende Welt gegenüber, die jedoch einen unvergleichlich größeren Reichtum verheißt als jene. Und insbesondere gilt dies für die Wolkenbilder, die

C. D. Friedrich: Wolkenstudie, um 1806–08.
Oslo, Nationalgalerie.

von dem Boden, auf dem wir mit beiden Füßen stehen müssten, kaum einen schmalen Streifen sehen lassen.

Die Gemälde, die Nebel und Wolken zeigen, stellen – um einen zeitgenössischen Kritiker zu zitieren – nichts dar. Zu ihrer Entschuldigung sei gesagt, dass sie nur so viel darstellen, wie auch die Musik »darstellt«. Freilich stellen auch die »scharfen« Gemälde nicht nur das dar, was in ihnen erkennbar und mit Worten wiedergebbar ist. In ihnen ist auch das enthalten, was unsagbar ist, das Geständnis, das als Grundstimme aus allen bedeutenden Werken der neuzeitlichen Malerei »herauszuhören« ist. Die abstrakte Kunst wird das Unmögliche versuchen, wenn sie diese »Grundstimme« an sich malen will. Diese Bemühungen sind heroisch und zugleich zum Scheitern verurteilt, geht es doch um nicht weniger als darum, dass das Bild nicht nur ein Thema, eine Szene, einen Gegenstand darstellen soll, sondern auch das Wie der Darstellung; es soll das, was von vornherein allen Gegenständen vorausgeht, *auch* als Gegenstand behandeln. Friedrichs

Malerei ist der erste ernsthafte Durchbruch in die Richtung, dass das Bild sich selbst darstellt – obzwar schon diese Formulierung von zweifelhaftem Wert ist.[10] Als seine Zeitgenossen, vor allem Friedrich Schlegel, in den Arabesken den höchsten Gegenstand und die höchste Form der Malerei erblickten[11], mögen sie daran gedacht haben, dass die Malerei absolut werden kann und dass man ähnlich wie bei der Musik[12] alles, was nicht aus der inneren Logik der Visualität herrührt, sondern an Gegenstände gebunden ist, von ihr loslösen kann. In diesem Geist wird auch die Malerei früherer Epochen umgewertet: letztlich gibt es kein Gemälde, das man auf Grund seines Stoffes, also der reinen Visualität nicht als Vorbereitung der malerischen Abstraktion und insofern als hoffnungslosen Versuch, das Unfassliche zu erfassen, betrachten kann. Nicht über die Werke von Kandinsky, Mondrian oder Malewitsch, sondern über die in der Dresdener Galerie ausgestellten Bilder der Meister aus früheren Jahrhunderten schrieb August Wilhelm Schlegel die folgenden bemerkenswerten Gedanken nieder: »Aber wann sieht man einmal um des Sehens willen? Es geschieht immer in anderen Geschäften. ... Von der ersten Kindheit an verbinden wir mit dem Gebrauch des Auges Wahrnehmungen andrer Sinne und eine Menge Schlüsse, die uns so geläufig werden, daß wir alles unmittelbar zu sehen glauben. Im Grunde sind wir uns aber dessen, was uns umgibt, so lange es beym Gewöhnlichen stehen bleibt, mehr bewußt in so fern wir es wissen, als in so fern wir es sehen. Mit dem Gehör geht es im Ganzen eben so zu. Die Anlage zum Mahler und Musiker liegt also wohl darin, dass man von Jugend auf diese Sinne nicht bloß wie Hausthiere zähmen und abrichten läßt, sondern neben der nützlichen Anwendung ihre freye Thätigkeit und die Lust dazu behauptet« (Schlegel, 62–4). Verständlich, dass gleichfalls er die Abstraktion als das Wesen der Malerei ansieht, wenngleich wir diese Abstraktion auch als die konkreteste Ebene der Visualität bezeichnen könnten.[13] Denn der Weg der Abstraktion fuhrt »nach innen«: Das Unsagbare, das nicht Malbare ist die innere Triebkraft, von der sie lebt. Und wenn wir die Abstraktion erwähnen, dann gewahrt man unschwer die Ratlosigkeit, die sich des Menschen im Anziehungskreis des Unfasslichen bemächtigt: Er kann sich an nichts mehr festhalten, und zuletzt bleibt ihm nur noch ein Festpunkt – die eigene Furcht. Sehen um des Sehens willen, das ist nichts anderes, als dass man sich der vollkommenen Ziellosigkeit hingibt. Der Mensch ist sich selbst überlassen, und während um ihn herum alles zurückzutreten beginnt, erscheint ihm gegenüber sein eigenes Wesen, eingebettet in das Sterben, das Nichts. Das ist nicht weit entfernt von einer Zurücknahme der Schöpfung. Dabei hatte es mit der Hoffnung auf eine neue Schöpfung begonnen.

DAS WUNDER

Landschaften, die sich im Nebel verlieren, Perspektiven, die ein Gefühl der Unendlichkeit wecken, mondbeschienene Landschaften, die an eine Märchenwelt denken lassen, Himmelsgewölbe, die schwer über dem Meer liegen – vielleicht kann man doch aus der Welt hinaus? Können wir im Nebel, Dunst, Mondlicht, in der Transparenz etwa auf die Spuren eines höheren Daseins stoßen? Seine Frau berichtete, wenn Friedrich daran ging, auf seinen Gemälden die Luft zu malen, dann durfte ihn niemand ansprechen und durfte niemand in sein Atelier treten. Der Augenblick wahrer Andacht kam für ihn nicht, wenn er Engel, betende Wanderer oder Kruzifixe malte, sondern wenn die durchscheinende Luft an der Reihe war. Die im Nebel verschwimmende Perspektive oder die mittels der Lasurtechnik wahrnehmbar gemachte Unendlichkeit eignet sich besser als die Oberfläche handgreiflicher Dinge, die göttliche Gegenwart zu veranschaulichen. In Friedrichs Bildern reicht alles über sich selbst hinaus, und alle endlichen Dinge existieren nur insofern, als sie sich auch ins Unendliche weiten – sie tragen die Grundlage ihres Daseins nicht in sich, sondern sie erhalten sie von außen. Denn Gott ist uns immer einen Schritt voraus; deshalb das krampfhafte Bestreben in den Gemälden, dass alles sich im Wesen verwandelt, ätherisch fein wird und als Fata Morgana erscheint: vielleicht lässt sich Gott doch einholen. Extrem ausgedrückt: In Friedrichs Bildern ist das Dasein dadurch sinnlich wahrnehmbar, dass es unfasslich geworden ist.

Aber was für ein Gott ist das, der auf diese Weise nur sein Fehlen offenbart?

Vorerst wollen wir Gott nicht beim Namen nennen, sondern prüfen, welche Folgen es hat, wenn in den endlichen Dingen unmittelbar das Unendliche erscheint. Vor allem weckt es ein feierliches Gefühl: Der Mensch macht eine Erfahrung, die er nie für möglich gehalten hätte. Das feierliche Gefühl ist ein Zeichen dafür, dass sich die Möglichkeiten vervielfachen und dass sich der Kreis weitet. Und weil in der Mitte des Kreises der steht, der dies alles erlebt, beginnt der Mensch in einem wirklich feierlichen Augenblick sich unendlich zu fühlen. Dann bröckeln die vertrauten Schichten des Daseins ab, und weil der äußerste Horizont fehlt, weckt alles Überraschung. Der feierliche Augenblick löst deshalb nicht nur ein Gefühl der Unendlichkeit, sondern auch der Unbekannheit, um nicht zu sagen der Unbehaustheit aus. Wir wollen einen solchen Augenblick erhaben nennen, geht es doch um nichts anderes als um das Verschmelzen von Verwunderung und Stutzen, Befreitheit und Erschrecken. Das Erhabene ermöglicht es uns, gleichzeitig mehrere Gesichter der Dinge zu sehen, ohne auch nur mit einem zu einem Konsens kommen zu können. Deshalb kennzeichnen Glaube und Misstrauen zugleich das Erhabene, deshalb ist es umschreibbar und dennoch formlos.

Friedrich wurde von mehreren Zeitgenossen als tragischer Maler bezeichnet. Viel eher aber ist seine Malerei erhaben, weniger wegen der dargestellten Themen, als vielmehr wegen des widersprüchlichen Genusses, der aus den Bildern strahlt, wegen des Schrecks und des Glaubens, die eng aneinanderhaften und in denen man unschwer die melancholische Verwobenheit von Entstehen und Vergehen, den Selbstgenuss der auf Scheitern eingestellten Lebensführung erkennt. Im erhabenen Augenblick erscheint die Welt gleichzeitig als Bote einer unbekannten, höheren (oder niedrigeren) Lebensform und als eigengesetzliches Dasein bar jeder Transzendenz; sie ist zweckmäßig und zwecklos, bekannt und unbekannt in einem. »Himmel und Erde durchdringen sich in einem jeden Dinge«, sagt Jakob Böhme, und ihn zitieren wir nicht zufällig: Das Erhabene bedeutet einen mystischen Augenblick, in dem das Leben als Quelle unauslöschlicher Spannungen auf uns lastet.

Es handelt sich um Augenblicke, um einzigartige Situationen, die gleichsam aus dem Lauf des Lebens herausgerissen sind. »Das Leben«, schreibt Nietzsche, »besteht aus seltenen einzelnen Momenten von höchster Bedeutsamkeit und unzählig vielen Intervallen, in denen uns bestenfalls die Schattenbilder jener Momente umschweben. Die Liebe, der Frühling, jede schöne Melodie, das Gebirge, der Mond, das Meer – alles redet nur einmal ganz zu Herzen: wenn es überhaupt je ganz zu Worte kommt. Denn viele Menschen haben jene Momente gar nicht und sind selber Intervalle und Pausen in der Symphonie des wirklichen Lebens« (Nietzsche, II. 337). Augenblicke dieser Art sind erhaben; die Erhabenheit ist an Augenblicke gebunden, denn das Unerwartete, das Unvorbereitete ist von ihr nicht zu trennen. Wir könnten diese Augenblicke auch als Wunder bezeichnen, denn das Wunder bildet – wenn wir die märchenartigen Aspekte weglassen – im Alltagsleben einen ebensolchen Abgrund wie das Erhabene. Niemand bereitet uns auf das Wunder vor; deshalb halten wir das Wunder für einen Zufall, deshalb nennen wir es ein merkwürdiges Zusammentreffen von Zufällen. In solchen Situationen entsteht plötzlich eine Helligkeit, und alles kündet von einer neuen, unbekannten Welt. Aus den zufällig nebeneinander geratenen Dingen spürt man das Pulsieren des Schicksals so heraus wie vor langen Jahren aus den mit geschlossenen Augen gewählten Zeilen des auf gut Glück aufgeschlagenen Vergils oder der Bibel.

Die Zahl der Zufälle ist unendlich; doch nur auf wenige werden wir aufmerksam, und noch wenigere finden unsere

Verwunderung. Zum Wunder ist nämlich nicht nur ein merkwürdiges Zusammenspiel der Dinge nötig, sondern auch das Auge, das es als Wunder wahrnimmt. Und wenn wir bedenken, dass wir in bestimmten Krisensituationen oder »inspirierten« Augenblicken zahlreicher und häufiger eine zufällige Koinzidenz beobachten und erleben als sonst, dann können wir schon riskieren, dass es von uns abhängt, ob bestimmte Zufälle eintreten – das Wunder hängt von uns ab. Verbrächte man all seine Zeit damit, auf Zufälle zu achten, müsste man sich zur Mikrostruktur des Lebens hinabgraben bzw. zur Makrostruktur des Lebens emporhangeln – von den Atomen bis zu den Sternnebeln wäre alles beachtenswert –, denn es ist unentschieden, von wo an eine wunderartige Koinzidenz als Zufall oder als Notwendigkeit zu betrachten wäre. In den inspirierten Augenblicken, wenn sich die Zufälle und die Wunder häufen, erhebt sich der Verdacht, dass im Dasein alles mit allem im Einklang steht – mit Ausnahme des Menschen, der, wie Friedrichs Gestalten, die uns den Rücken zuwenden, in diese Weltharmonie nicht einbezogen ist und in sie nur im Augenblick des Wunders Einblick erhält. Wir müssen Schleiermacher recht geben, wenn er sagt, je religiöser ein Mensch sei, desto mehr Wunder würden ihm zuteil – in den wunderartigen Augenblicken weiten sich die Zufälle, diese Punkte von unbekanntem Stellenwert, und erscheinen von einem neuen Dasein her betrachtet als notwendig.

Über dieses neue Dasein vermag man sich nur schwer ein Urteil zu bilden. Wenn ich in ihm einen Beweis für die Allmacht Gottes entdecke, dann erhebt sich der Verdacht, ich hörte nur auf das Wort des Glaubens vor dem Wunder und urteile nicht über den Zufall, sondern rechtfertigte mich nachträglich. Wenn ich dagegen den Gottesglauben ausschließe, muss ich das Wunder für einen Augenblick halten, durch den wie durch einen Spalt das Unbekannte hereindringt. Die

Notwendigkeit, in die sich der Zufall dann verwandelt, weckt nicht Vertrauen, sondern Misstrauen; der Mensch fühlt sich unbekannten Kräften ausgeliefert. Es hängt von mir ab, ob ich im Zufall das ewige Leben oder das rettungslose Versinken wahrnehme – und weil niemand ist, der mich führen oder aufklären könnte, neige ich dazu, im Wunder beides zu sehen. Das macht diese Augenblicke erhaben: Untergang und Verklärung reißen mich – wie in Friedrichs *Eismeer-Bild* (BS/J 311) – gleichzeitig mit.

Die Malerei Friedrichs war dem Wunder und dem Warten auf das Wunder verpflichtet. In dieser Hinsicht stehen nicht unbedingt die Gemälde im Vordergrund, die das Wunder märchenartig zeigen (wie z. B. *Visionen der christlichen Kirche* [BS/J 202]). Die oft erwähnten Bilder *Neubrandenburg* (BS/J 225), *Ansichten eines Hafens* (BS/J 220) (in dem Friedrich leider zwei dorthin nicht passende Gestalten an die Seite des linken Schiffes malte) oder *Der Morgen* (BS/J 274) erfassen gleichfalls den Augenblick des Wunders: Die in den Bildern erscheinende Welt ragt aus der bekannten Welt heraus wie in *Felsenriff am Meeresstrand* (BS/J 315) das Riff aus dem Wasser. Statuenhaft wie das Riff sind auch die Landschaften; man kann sie nicht erobern und besitzen, dabei sind sie verlockend – sie wecken geradezu körperliches Verlangen. Ramdohr bemängelte zu Recht das Fehlen des ästhetischen Effektes: Wenn wir in den Wirkungskreis dieser Bilder nicht einbezogen werden, dann wissen wir nichts mit ihnen anzufangen, und sie wirken so peinlich auf uns wie ein Ekstatiker, wenn er unter »Normale« gerät. Wegen der Suggestivität der intensiven Wunder-Erwartung erinnert die Wirkung dieser Bilder an die von Drogen – Friedrichs Schaffen gehörte zu den ersten und mitreißendsten Beispielen dafür, dass Kunst narkotisch wirken kann. Mit dieser Wirkung durch die Malerei kann vermutlich nur *Tristan und Isolde* konkurrieren. Das Verlangen nach einem Narkotikum zeugt vom Verlust des »Bodens«; es ist ein Verlangen, das weniger dem Wunder, als vielmehr dem Warten auf das Wunder gilt, ein Verlangen nach Glauben, das die Glaubenslosigkeit und die ihr auf der Spur folgende Unverständigkeit so sehr fürchtet, dass sie sich ohne Schonung gegenüber sich selbst Beliebigem hingibt und auch die Möglichkeit der Selbstvernichtung nicht ausschließt.

Carus notierte über Friedrich: »Auch ihm ist es klar, daß es eigentlich keine gemeine Natur giebt, und daß das scheinbar Gemeinste durch eine höhere Ansicht gleich bedeutungsvoll mit dem scheinbar höchsten werde« (zit. nach Börsch-Supan/Jähnig, 214). Nach dem Gemeinen – der Sphäre der von seiner Frau verbannten Spucknäpfe – suchen wir in seinen Bildern vergebens; aber es ist keinesfalls überraschend, dass Goethe, der dem Erhabenen wie dem Pathetischen mit Misstrauen begegnete, viele Gemälde Friedrichs nicht nur ungewöhnlich, sondern auch unschön fand. Tatsächlich passt zu ihnen nicht das Prädikat »schön« im herkömmlichen Sinn. Der überwiegende Teil der Ästhetiken des 18. Jahrhunderts entdeckt das Schöne im Gegenstand und betrachtet es als unabhängig von der Anschauung existierend, streitet ihm also die äußerste Subjektivität ab, die Friedrichs Werke durchdringt. Aber auch Friedrich suchte sein Leben lang nach dem sogenannten Schönen – doch er konnte nicht nur, er wollte auch nicht das Schöne vom Erhabenen, dieser widersprüchlichen Erscheinung, trennen. Wenn das Dasein nicht vollkommen und vollständig erscheint, verbindet sich die Schönheit mit dem Begehren; in ihm tritt nicht die Harmonie des Lebens in Erscheinung, sondern, im Gegenteil, eine Insel, die aus dem als disharmonisch erlebten Dasein ragt und, wie der erhabene Augenblick oder das Wunder, rundum von einem Abgrund umgeben ist. Das Begehren bemächtigt sich des Menschen angesichts der Schönheit: in dem, was er als schön ansieht, entdeckt er etwas, von dem er allmählich meint, dass es seinem Leben fehlt. Dieses Fehlen lässt natürlich auch die Schönheit nicht unberührt; sie entfaltet sich letztlich aus dem Fehlen selbst – es ist, als risse der Lauf des Lebens ab und als verschluckte ein klaffendes Loch den Menschen. Sie ist deshalb von Grund auf utopisch und trügerisch; im Reich des Schönen hat der Mensch das Gefühl, sein Leben habe Form und Zweck gewonnen. Je unwiderstehlicher ihn aber das Begehren in den Bann zieht, desto spürbarer wird die Vergeblichkeit. In dem, was unser ganzes Wesen interessiert, suchen wir nicht nur Genuss und Lust, sondern auch Zuflucht vor dem Ungelösten.

Die Schönheit verspricht Zuflucht und bietet doch keinen dauerhaften Schutz. Sie könnte es gar nicht; sie wurzelt nicht in dem für schön gehaltenen Menschen oder Gegenstand oder Zustand, sondern in dem Menschen, der das Schöne entdeckt. Die Schönheit ist deshalb absolut eigengesetzlich und Selbstzweck, sie verweist auf keinerlei übergeordnetes Dasein, an das sich der Mensch halten könnte, sondern sie leitet ihn immer wieder zu sich selbst zurück, obwohl er ja ihr zuliebe gerade sich selbst verlassen wollte. Der für schön gehaltene Gegenstand oder Mensch löst sich aus den Zusammenhängen des Lebens; erblickt man ihn, wird das Dasein brüchig. Wenn der Mensch auf das Schöne achtet, gerät er aus der Kontinuität hinaus, die sein Leben ist; wenn er in etwas das Schöne entdeckt, sieht er das Dasein als zwecklos an. Mit den Worten August von Platens ausgedrückt:

> Wer die Schönheit angeschaut mit Augen,
> Ist dem Tode schon anheimgegeben,
> Wird für keinen Dienst auf Erden taugen,
> Und doch wird er vor dem Tode beben,
> Wer die Schönheit angeschaut mit Augen!

In der Schönheit hofft der Mensch sich selbst zu finden, als könnte er dann all die Möglichkeiten erfüllen, in deren Besitz zu sein er vermeint. Die Erkenntnis der Schönheit macht den hässlichsten Menschen schön und edel; es ist, als begänne eine Blume zu denken. Ihm wird dann ein Erlebnis zuteil, das an die Ziellosigkeit und Unbewusstheit des pflanzlichen Daseins erinnert. Es gibt kein Gesicht, in dem sich dann nicht unbewusste Traurigkeit spiegelt – und je unwiderstehlicher die Schönheit ist, umso schutzloser ist der Mensch. Die Nacktheit der Friedrich'schen Bilder, ihre aller Scham entbehrende Selbstaufschließung zeugen von dieser Schutzlosigkeit: von dem Begehren, das außerstande ist, je ans Ziel zu kommen. Der Glaube, der in Friedrichs Bildern erkennbar ist, ist letzten Endes Glaube an das Schöne, an die Schönheit der Landschaft, des Himmels, des Meeres, eines Schiffes oder Berges – Glaube, der in der Ferne den Horizont des totalen Selbstzwecks zeichnet. Nur hinter ihm droht keinerlei Sorge mehr.

DER TODESENGEL

Vom ersten Augenblick an faszinierte mich die unverhüllte Schönheit der Friedrich'schen Bilder. Ich wüsste keinen anderen Maler, der sich so offen zu dem bekennt, was er für schön hält, der sich so rückhaltlos der Schönheit hingibt. Doch wer sich nie scheut, auszusprechen, was er denkt, gerät nach einer Weile unausweichlich in einen Verdacht: Was will er damit erreichen, dass er so offen zu uns ist? So ging es mir mit der Malkunst Friedrichs; die Schönheit fiel so unverhohlen über mich her, dass sie mir den anfänglichen Genuss verdarb. Ich gewahrte in dieser Malerei einen merkwürdigen Widerspruch: als zeige er das für schön Gehaltene so unverblümt und fast schon hemmungslos, weil er fürchtet, anderenfalls könne seine Schwäche entlarvt werden und sich zeigen, dass das, was er bietet, einer Fata Morgana gleicht. Im Ringen mit dem Dasein und seinem Rätsel entstehen *schöne* Bilder – ist diese Verheißung nicht trügerisch? Wie sich uns die Zeichnungen in den Märchenbüchern der Kindheit oder die Illustrationen der ersten Romane Vernes unauslöschlich einprägen und ebenso zum Grundmaterial gehören wie ein unvergesslicher Ausflug, eine Begegnung, eine Liebe, ein Abenteuer oder ein in Untätigkeit verbrachter regnerischer Nachmittag, so sah ich auch Friedrichs Bilder nicht wie Gemälde an, sondern wie Abdrücke meiner nicht geahnten und mir unbekannten Erinnerungen. Doch je länger ich sie betrachtete, desto deutlicher spürte ich, dass hinter diesen Erinnerungen nichts Anheimelndes steckt.

Wenn sie auch in einer gleichsam märchenhaften Welt wurzeln, widerstehen sie doch dem Versuch, mit ihnen meine eigene Welt einzurichten.

Wer aber diese Bilder einmal ins Herz geschlossen hat, kommt kaum mehr von ihnen los. Auch ich ging ihnen in die Schlinge. Doch je intensiver ich ihre Schönheit genoss, umso stärker vermisste ich etwas. Nicht in den Bildern; sie sind überaus vollkommen und vollständig. Aber durch die Welt dieser perfekten und schönen Bilder zieht sich das Fehlen von etwas, das man nur fühlen, doch nicht benennen kann. Dieses Fehlen ist von der Schönheit der Bilder nicht zu trennen; es ist, als seien sie so schön, damit man von diesem Fehlen abgelenkt wird und sich erst unbefriedigt fühlt, wenn es schon zu spät ist.

Zu seinem *Kreuz an der Ostsee* (BS/J 215) schrieb Friedrich in einem Brief: »Es kommt keine Kirche darauf, kein Baum, keine Pflanze, kein Grashalm. Am nackten, steinigen Meeresstrande steht hochaufgerichtet das Kreuz, denen, so es sehen, ein Trost, denen, so es nicht sehen, ein Kreuz« (Eimer, 150). Das ist nicht die Stimme des Vertrauens, und wenn wir das Gemälde betrachten, bemerken wir auch keinen eindeutigen Triumph der Religion. In ihm erscheint der gleiche Widerspruch wie in den übrigen Bildern: Friedrich will es in den Dienst der Religion stellen, aber er möchte auch, dass aus ihm von vornherein der Glaube leuchtet; es soll auf die Religion hinweisen, zugleich aber auch Gegenstand des Glaubens sein. Es soll gleichzeitig ästhetischen und kultischen Zwecken dienen, Kunstwerk und zugleich »Gebrauchs«gegenstand der Andacht sein.

Es scheint, als wäre Friedrich misstrauisch, was die Kraft des Glaubens betrifft; doch dieses Misstrauen rächt sich. Dieses Kreuz ist ein Zeichen nicht des Glaubens, sondern des Glaubenwollens; nicht zufällig hat Friedrich nie die Kreuzigung gemalt, sondern nur ihr Symbol, das Kruzifix. Abweichend von früheren Beispielen der Malerei, als das Kruzifix gleichfalls innerhalb der Landschaft erschien, handelt es sich bei Friedrich jedoch nicht um ein Requisit: Er möchte mit dem Kruzifix eine gleiche Wirkung erzielen, als wäre ein Jesus aus Fleisch und Blut daran gekreuzigt. Auch das Kruzifix kann Wunder bewirken (*Winterlandschaft mit Kirche* [BS/J 194]); doch in diesem Fall bietet nicht der tatsächlich gekreuzigte Jesus Erlösung, sondern es liegt an dem vor dem Kreuz niedersinkenden Krüppel und seinem Glauben, ob er erlöst wird. Das Kruzifix ist hier nicht ein Beweis der Gnade, sondern Vermittlung zwischen dem Menschen und dem im Nebel sich verlierenden Gegenstand des Glaubens; nicht der Sohn Gottes ist gekreuzigt, sondern eine von menschlicher Hand geformte Statue.

In der Tiefe des Glaubenwollens kommt man unschwer dem Unglauben auf die Spur. Hinter dem Wunsch zu glauben verbirgt sich oft die Furcht. Letztes Ziel des Glaubens ist es dann, vor dem Zerfall, dem Chaos zu flüchten. Wenn aber der Glaube von der Furcht und dem Zwang zur Flucht gespeist wird, ist der Mensch von vornherein verloren; wenn er den äußersten Horizont im Vergehen erkennt, in der Unersetzbarkeit und Hinfälligkeit seines Lebens, kommt jeder Versuch, den Horizont zu übersteigen, einem Versuch gleich, den zentralsten Kern seines Wesens in Parenthese zu setzen. Das Glaubenwollen ist in diesem Fall eine Art Masochismus, dessen Zweck jetzt natürlich die Abwehr von Schmerz ist. Das ist nichts anderes als der Wunsch, das Leben abzuwehren, die Neigung, gerade in der Beschleunigung des Sterbens Freude zu finden. Sehen wir uns die Kreuze auf Friedrichs Bildern an, erhebt sich der Verdacht, diese Kruzifixe wurden von verzweifelten Menschen aufgestellt, die zu der Einsicht gelangt sind, sie müssten die ganze Welt ablehnen, wenn sie ihrem eigenen Leiden entfliehen wollen. Das Kreuz macht alles irreal, und von dem Menschen, der dem Leiden entkommen ist (*Winterlandschaft mit Kirche* [BS/J 194]), kann man sich schwer vorstellen, dass er weiterleben wird. Von seinem Leiden entbindet ihn wirklich der Tod.

So ist das Kreuz bei Friedrich Symbol einer Passion mit entgegengesetztem Vorzeichen: nicht das des ewigen Lebens, sondern das des bevorstehenden Todes. Die Gnade ist ein Geschenk des Todes; betrachten wir nochmals die Gestalten auf dem Bild *Morgen im Riesengebirge* (BS/J 190), dann gewährt die Frau, die dem Mann in die Höhe hilft, zwar Gnade – und heißt Charis –, aber gerade deshalb ist sie der Engel des Todes: der Horizont, bisher nur vom Kreuz durchschnitten, wird sich gleich auch dem Mann öffnen. Und auch das Kreuz der *Abtei im Eichwald* (BS/J 169) verkündet mehr als die Erlösung; das Kruzifix im Eingang zu der Kirchenruine lässt uns an die Worte Jesu denken: »Ich bin die Tür« (Johannes 10,9) – aber was hinter der Tür ist, bleibt ein Rätsel. Vielleicht überhaupt nichts; vielleicht auch beginnt dort das Leiden von neuem; unwahrscheinlich aber, dass den toten Mönch das erwartet, was er erhoffte. Wie *Der Mönch am Meer* (BS/J 169) zeigt, ist das Dasein ein monolithischer Block und kaum zu sprengen: Was der Mensch auch erhofft, das Gefühl der Vergeblichkeit ist stärker als alles andere, und letzten Endes wird auch die Hoffnung zu einer verdrehten Abart der Hoffnungslosigkeit. Wer hinaus will, muss erst zugrunde gehen; und es ist nicht schwer, in dem Mönch, der am Meer steht, einen seltsamen Heiligen der mittelalterlichen Legenden zu erkennen: Sanctus Nemo, den heiligen Niemand, der aus der Welt ebenso herausgefallen ist wie aus dem Reich der Gnade.

Das Kreuz, traditionelles Symbol der Hoffnung, wird auf diese Weise theatralisch – das (und an Kitsch grenzend) sind auch Friedrichs Kirchenvisionen im engeren Sinn, die von der eher ästhetischen als religiösen Anschauung der Neugotik nicht weit entfernt sind.[1] Der Meißner Dom oder die Greifswalder Jakobikirche als Ruine dargestellt beweisen das ebenso wie die aus dem Nebel auftauchenden Kirchen[2]; über die Kritik an der herrschenden Religion bzw. die Vision einer kommenden Religion hinaus wird in diesen Bildern die Bemühung spürbar, glauben zu wollen. Dieses unbestimmte Begehren erträgt feste Bindungen jedoch nur schwer, keinerlei Kirche vermag es restlos aufzunehmen. Das unendliche Begehren, von dem Friedrichs Malerei grundlegend determiniert ist, stellt aber die Existenz Gottes nicht so in Frage wie gerade diese Gotteshäuser: Sie sind ästhetische Krypten, die nicht Glauben, sondern Tod ausstrahlen.

In der Geschichte der Tafelbildmalerei wagte sich kein anderer Maler mit so unverhüllter Neugier der Religion zu nähern. Das geht bei Friedrich über einfaches Interesse hinaus und bezeugt eher, dass Gott zu einem Objekt geworden ist und der früher auf ihn gerichtete Glaube nun ins Unbekannte läuft. Gott ist nicht mehr unfasslich (Cusanus), er verbirgt sich auch nicht (Pascal), sondern er ist tot. Gestorben ist natürlich »nur« Gott, nicht das religiöse Empfinden – was bedeutet, dass der Gegenstand des Glaubens in den sterblichen Menschen zurückstürzt. Den Eintritt des Todes wagten außer Hegel nur wenige zu konstatieren[3], viele hingegen gewahrten das Unbekannte, das sich als »Schleier der Schwermut« über die ganze Schöpfung legte. Der Theologe Schleiermacher wie auch der Naturphilosoph Lorenz Oken untersuchten die traditionelle Religion wie eine Leiche auf dem Seziertisch; ersteren interessierte unvergleichlich stärker als die katholische Mythologie »das Unbekannte«, diese »innerste Triebfeder« des Daseins, letzterer wiederum nennt Gott im Ergebnis einer ein wenig spitzfindigen Argumentation »das selbstbewußte Nichts«, »das seiende Nichts«, »Zero« (Oken, 14).[4]

Gott wird unfasslich dadurch, dass er ins Herz einzieht; doch wenn er einmal die Region »droben« verlassen hat, hat er damit auch den Menschen sich selbst überlassen. Er zieht vergebens ins Herz ein, dieses Herz wird auch für den Menschen fremd, der seine Unbekanntheit dann auf Gott zurückbezieht. Deshalb kann die Landschaft in Friedrichs Augen ein Altar des Unbekannten sein. Die Griechen besaßen angeblich einen Altar, der zu Ehren des Unbekannten Gottes errichtet wurde (Apg. 17, 23) – für Friedrich mag das ganze Dasein ein solcher Altar gewesen sein. Die Suche nach dem unbekannten Gott ist nicht abschließbar: Seine Gnade verschiebt sich in die unbekannte Zukunft, in die Unendlichkeit, d. h. die unendliche Unbekanntheit wird zum letzten Charakteristikum des Menschen. Das Unbekannte ist auf diese Weise durch keinerlei Grenze vom Bekannten getrennt, es ist, wie die Mystiker lange vor Friedrich erkannt haben, nicht sein Anhängsel, sondern sein wesensmäßiges Zubehör. Die Unterscheidung zwischen Endlichem und Unendlichem wirkt in diesem Fall wie Haarspalterei. Bezogen auf seine *Schwäne im Schilf* (BS/J 266) sagte Friedrich zu dem ihn besuchenden Maler Peter Cornelius: »Das Göttliche ist überall, auch im Sandkorn, da habe ich es einmal im Schilfe dargestellt« (zit. nach Börsch-Supan/Jähnig, 360).

Doch diesen pantheistisch anmutenden Gedanken widerlegen die Gemälde selbst. Wäre Friedrichs Behauptung zutreffend, dann würden seine Bilder von der Heiterkeit der Natur künden und das Dasein preisen. Stattdessen sind sie voller Melancholie und wecken bedrückende Sehnsüchte. Das ist mit der Gegenwart Gottes durchaus nicht vereinbar. Das Unendliche erscheint im Endlichen nicht so wie Gott im Seienden, sondern wie das Unbekannte, das Schauerliche in der Vertrautheit. Denn wenn Gott tot ist, kann nichts beim Menschen Vertrauen erwecken; wie Friedrich selbst wiederholt äußert, müsse sich der Mensch sogar von den Mitmenschen fernhalten, wenn er sich bewahren möchte. Die Welt ist von Grund auf rätselhaft, und es besteht keine Hoffnung, dass das Rätsel je gelöst werden kann. So gesehen bietet Friedrichs Malerei keine Lösung an, sondern sie antwortet auf Fragen mit neuen Fragen. Unschwer hören wir aus den Zweifeln, die sich ansammeln, den leidenschaftlichen Ausbruch Nietzsches heraus: »Was thaten wir, als wir diese Erde von ihrer Sonne losketteten? Wohin bewegt sie sich nun? Wohin bewegen wir uns? Fort von allen Sonnen? Stürzen wir nicht fortwährend? Und rückwärts, seitwärts, vorwärts, nach allen Seiten? Giebt es noch ein Oben und ein Unten? Irren wir nicht wie durch ein unendliches Nichts? Haucht uns nicht der leere Raum an? Ist es nicht kälter geworden? Kommt nicht immerfort die Nacht und mehr die Nacht?« (Nietzsche, III, 481)

»UNGEBÄNDIGTEN SEHNENS PEIN« (PARSIFAL)

Was kann man tun in solch kalter Nacht?

Wenn er Gott beerdigt, versucht der Mensch aus sich selbst Kraft zu schöpfen und das Sterben mit seinem Glauben an die eigene Allmächtigkeit zu verschleiern. Er ist gezwungen, an die Kraft seines Geistes und seiner Phantasie zu glauben. Da er nicht hoffen kann, irgendeine außerhalb von ihm stehende Kraft werde als Schutzengel über ihn wachen, empfinden sein Geist und seine Phantasie die fortwährende Unerfülltheit als ihren natürlichsten Zustand. Paradoxerweise erfüllt das Fehlen seine Seele und verschafft ihm die Niederlage echten Genuss. Das macht Friedrichs Malerei zu einer typisch *deutschen*, zum Ausdruck einer Kultur, die unter dem Einfluss des allgemeinen Zeitgeistes die stabile Basis des Glaubens verloren hat, ihn aber aus den bekannten politischen Gründen auch nicht mit dem Anschein – wie brüchig er auch sein mag – des positiven Rationalismus bzw. des Vertrauens zur weltlichen Macht ersetzen konnte.[1]

Doch wenn der Mensch Erlösung weder von Gott noch von der Welt erhofft, dann nimmt im Niemandsland stehend die absolute Freiheit des selbstbewussten Geistes die Form des Willens und der Phantasie an. Insofern war Schopenhauer ein treuer Dolmetscher des Zeitgeistes. Aber schon vor ihm hatte Schleiermacher gesagt, die Religiosität hänge von der Richtung der Phantasie ab, und hinzugefügt: »Ihr werdet es wißen, das Eure Fantasie es ist, welche für Euch die Welt erschafft, und daß Ihr keinen Gott haben könnt ohne Welt« (Schleiermacher, 245). Gott verdanke seine Existenz also allein der Phantasie des Menschen, meint dieser verführerische Theologe, und er legt einen einzigen Festpunkt des Daseins an die denkbar unbeständigste Stelle, in die Phantasie. Die Phantasie vermag eine Welt zu erschaffen, die freilich ebenso unbeständig ist wie ihre Quelle, und deshalb legt sich die Trübe des Vergehens auf sie. Er verfüge über eine »geniale, man möchte sagen, abgeschiedene Phantasie«, schrieb 1812 ein Kritiker über Friedrich (zit. nach Börsch-Supan/Jähnig, 80). Seine Feststellung ist sehr exakt. Friedrichs Phantasie meidet nämlich behutsam alle Möglichkeiten der Abgeklärtheit, sie nötigt den Betrachter der Bilder zu immer wieder neuen Kraftanstrengungen, ohne jemals Befriedigung zu bieten. Der bereits erwähnte Gotthilf Heinrich von Schubert veranschaulichte in einem 1808 in Dresden gehaltenen Vortrag anhand einer Friedrich-Serie über die Jahreszeiten seine These, für das Dasein sei, da von den Mineralien bis zum menschlichen Geist einschließlich alles auf eine höhere Existenzform hinauslaufe, die Sehnsucht der charakteristischste Zustand. Auf dem ersten Blatt der 1803 entstandenen Sepiablätter, deren erstes den Frühling und den Morgen darstellt, sind aus dem Schlaf erwachende Kinder zu sehen, die am Bach mit ausgebreiteten Armen der Sonne entgegeneilen. Aber »schon die ersten Schritte sind ein Irrthum, und wir eilen von dem einsamen Hügel der kindlichen Träume, auf dem wir die ersten aufgehenden Strahlen empfiengen, hinabwärts, in das tiefe Gewühl des Lebens, wo uns neue Dämmerung umfängt«. Auf dem folgenden, den Sommer und den Mittag darstellenden Bild hat sich der Bach zum Fluss verbreitert; in üppiger Vegetation umarmt sich ein junges Liebespaar. Die Lilie und die Rose – die Reinheit und die Liebe – vereinigen sich, und alles wäre in sich geschlossen, wendete nicht die Sonnenblume ihren Kopf der Sonne, dem

Licht zu: »Ein tieferes Sehnen in uns ward noch nicht befriedigt, und mit ernstem Ruf weckt es das ewige Ideal von neuem auf.« Auf dem dritten Blatt, das den Herbst und den Nachmittag zeigt, ist der Fluss ein breiter Strom; im Hintergrund ragen unwahrscheinlich hohe Berge auf. »Endlich erkennt das Gemüth an, daß die Heymath jenes Sehnens, das uns bis hierher geführt, nicht auf der Erde sey.« Auf dem letzten Bild – es stellt den Winter dar – sieht man ein Meeresufer mit einem Friedhof und einer Kirchenruine. »Nur der Wille, das Streben in uns, das sich bis ans Grab nur immer reiner und besser geworden, erhalten, war unser, und an diesem hält sich das innre Vertrauen fest ... Noch ist das tiefe Sehnen, das uns bis hierher geführt, nicht gesättigt.« Doch durch die Öffnungen der Ruine scheint der Mond, und jenseits des Meeres ist ein Ufer nicht von dieser Welt zu ahnen: »Nimm dann hinweg Zeit, auch die letzten Trümmer unseres Daseyns, nimm hinweg auch die Erinnerung des zurückgelegten Weges, und laß uns, wenn dein ewiges Gesetz es so gebeut, schlummernd in dem lang ersehnten Vaterland ankommen!« (Schubert, 304–8)

Die Sehnsucht findet demnach allein im Tod Erfüllung; sie schwingt von Gott ebenso in die Richtung des Zunichtewerdens weiter wie von der irdischen Welt. Den Begriff des Todes sollten wir jedoch in Anführungszeichen setzen; mit dem Sehnen in Verbindung gebracht ist er eher eine Metapher als physische Realität. Der Verweis auf den Tod nämlich versucht, wie *Tristan und Isolde* beweist, das Unaussprechliche irgendwie verständlich und mitteilbar zu machen. Das Sehnen wird von nichts befriedigt; womit wir es auch stillen wollen, nach einer Weile bricht es noch heftiger hervor – die Sehnsucht vermag sich letzten Endes mit nichts zu einigen, und wer von ihr heimgesucht wird, der umschlänge am liebsten die Wurzeln des Seins, um sich allmächtig und unendlich zu wissen und um von nichts mehr beschränkt werden zu können. Letztes Ziel des Sehnens ist immer die innere Freiheit – und wenn vom Tod gesprochen wird, dann bedeutet er die Erhebung über die existierenden Grenzen ebenso wie den endgültigen Abschluss, in dem der Mensch gleichsam für die Welt »stirbt«.

DAS UNSICHTBARE LICHT

Die Malerei des Sehnens taucht die Welt in Totenfarben. Das macht Friedrichs Landschaften so verdächtig. Wer spürte beim Betrachten seiner Bilder nicht sofort, dass er es nicht mit einer Malerei im herkömmlichen Sinn zu tun hat, sondern mit den Werken eines Malers, der Gedanken malen wollte! Deshalb spukt durch seine Bilder die Gefahr des Dilettantismus; denn nur für dilettantische Maler ist die Ungeduld bezeichnend, die auf jede Vermittlung verzichtet und sofort auf die äußersten Fragen orientiert, die das Malerische im herkömmlichen Sinn dem nicht malbaren Sehnen unterordnet und die in der Visualität nicht die Freude der Ziellosigkeit entdeckt, sondern in ihr eher einen unentbehrlichen Anhalt sieht.[1] Ungerecht wäre es, Friedrich den Genuss abzustreiten, den ihm die Visualität wohl bereitete – das beweisen zahlreiche Details seiner Bilder –; und dennoch, dieser Genuss leidet darunter, dass er ein spürbares Ziel hat, zu irgendetwas dienen soll. Das ist das Zeichen des schlechten Gewissens; es ist kein Zufall, dass gerade Menschen, die zum Theoretisieren neigen, Friedrich so sehr mögen – Menschen, die gleichfalls ein zwiespältiges Verhältnis zum selbstlosen Genuss haben, die im Interesse einer künftigen angeblichen großen Ekstase, die natürlich nie eintreten wird, gern auf die Ekstase des Augenblicks verzichten. Es ist nicht schwer, darin der Furcht vor der Kunst auf die Spur zu kommen, denn ein Kunstwerk löst auf jeden Fall das gewaltige System auf, in das der Gedanke das Dasein immer verzaubert.

Friedrichs Malerei gibt dieser Furcht Nahrung: sie entstammt selbst der Furcht. Nur wenige Maler fürchten so sehr das in allem lauernde Chaos und die Unordnung, nur wenige sehnen sich so sehr danach, das Dasein in Ordnung seiend zu wissen. Doch Furcht und Sehnsucht sind selbst eine spezifische Manifestation von Wirrnis und Chaos. Andere Maler ordnen das Dasein, weil sie sich vor dem Rätsel nicht fürchten, so an, dass sie seine Ungeordnetheit zur Kenntnis nehmen. Friedrich hingegen graust vor dem Ungelösten, und seine Angst wird bestimmend: Je geordneter er die Welt wissen möchte, umso rätselhafter und unfasslicher wird sie. In seinen Gemälden haust die Finsternis ebenso wie in Goyas »schwarzen« Werken; aber sie greift uns nicht von vorn an, sondern sie schleicht sich von hinten herein. Dadurch ist diese Malerei irreführend: Sie bietet Lösungen und Ordnungen, während sie wie eine Seuche alles verwirrt.

Friedrich verwendete einmal den Ausdruck »Urbild«, und ohne auf Einzelheiten einzugehen, erklärte er: »Das Urbild ist der Menge zu groß, zu erhaben, um es erfassen zu können« (Hinz, 91). Das »Urbild« lässt uns an einen Lieblingsbegriff des alten Goethe denken, an das »Urphänomen«, hinter welchem der Dichter unmittelbar das Göttliche ahnte. »Ich frage nicht«, sagte er zu Eckermann, »ob dieses höchste Wesen Verstand und Vernunft habe, sondern ich fühle: es ist der Verstand, es ist die Vernunft selber. Alle Geschöpfe sind davon durchdrungen, und der Mensch hat davon soviel, daß er Teile des Höchsten erkennen mag.« Goethe definierte das Urphänomen im Geist des Pantheismus. Angesichts des Urphänomens falle der Mensch in »Erstaunen«, sagte er, und »ein Höheres kann es ihm nicht gewähren« (Eckermann, 18. 2. 1829). Das Recht zum Erstaunen bestritt er niemandem; das oberste Ziel des Studiums und der wissenschaftlichen Erfassung der Natur sah er darin, dass der Mensch dem Urphänomen auf die

Spur käme. Zwar erschließe es sich niemals in seiner ganzen Reinheit, doch sei auch nicht dies das Ziel, sondern dass der Mensch seine Gegenwart wahrnehme. Und dem stehe nichts entgegen; im Besitz eines produktiven Geistes könne man allen Phänomenen der Welt auf die Spur kommen. Demnach kann die Welt das Begehren nach Erstaunen, nach Unendlichkeitsgefühl restlos befriedigen, und obendrein fühlt sich der Mensch auch in vollem Besitz seiner Freiheit.

Friedrichs »Urbild« zeugt von einer entgegengesetzten Anschauung. An Goethe erinnert Friedrichs Ansicht, Gott sei in allen Erscheinungen der Natur erkennbar; aber zuinnerst hielt er diesen Gott für unerreichbar – je entschlossener man ihn sucht, umso weiter entfernt man sich von ihm. Das Urphänomen vermittelt uns ein Ganzheitserlebnis: Die Unabgeschlossenheit des Daseins weckt Vertrauen. Das Urbild löst eher ein Gefühl des Fehlens aus; es weist auf fortwährende Unerfülltheit hin: Der Mensch kann nie zu sich finden. Je produktiver sein Geist ist, desto zweifelhafter wird alles für ihn. Das Urphänomen befriedigt das Sehnen des Menschen; die vom Urbild geweckte Sehnsucht ist dagegen »ungesund«, sie macht nicht auf das Leben, sondern auf den Tod, auf die Unendlichkeit nicht des Lebens, sondern des Fehlens aufmerksam. Wir erwähnten, dass Friedrich ein Angebot Goethes ablehnte, gemeinsam die Wolken und die atmosphärischen Erscheinungen zu studieren; und obgleich Goethe einen deutlichen Beweis für das Urphänomen gerade in der »Trübe« sah, spürte Friedrich wohl den Unterschied zwischen ihren Auffassungen und darüber hinaus zwischen ihrem Naturell, ihrem Geschmack sowie ihrem Menschen- und Weltbild. Im Zusammenhang mit dem Studium der Wolken schrieb Goethe: »Dich im Unendlichen zu finden,/Mußt unterscheiden und dann verbinden« (Goethe, III. 97); Friedrich aber konnte wohl nur den Wunsch nach dem Finden akzeptieren.

Und das weist auf den tiefsten Unterschied zwischen dem Urphänomen und dem Urbild hin: Während das Urphänomen den Menschen umgibt, ist das Urbild nur im Herzen auffindbar.[2] Zum Urphänomen vermag man vorzudringen – deshalb kann es Befriedigung bieten; auf das Erscheinen des Urbildes muss man geduldig warten. Das Urbild gleicht einem Wunder, es verbindet nicht mit der Welt, sondern trennt von ihr. Erblickt er es, bleibt der Mensch allein und ist einem Gefühl ausgeliefert, als hätte er sich vom Dasein abgespalten.

Kann man dieses Urbild überhaupt darstellen? Es ist mit dem Sehnen verwandt und deshalb nicht fasslich; merkwürdig, dass sich ausgerechnet ein Maler so ausdauernd mit ihm beschäftigt hat. Das wirft Licht auf einen Widerspruch in der Malerei Friedrichs: Er wollte eine den Sinnen unzugängliche metaphysische Erscheinung ästhetisch vergegenwärtigen – eigentlich nicht eine Erscheinung, denn das Urbild ist ja nicht fasslich, sondern eine Betrachtungsweise, eine spezifische Deutung des Daseins. Das Urphänomen kann sich prinzipiell jedem erschließen; das Urbild hingegen kann nur »erblicken«, wem es die Laune des Schicksals ohnehin eingepflanzt hat. Das Urbild ist kein Gegenstand, kein Ding, sondern eine formende Kraft, die wir in jedem Segment der Friedrich'schen Bilder wahrnehmen, ohne sie herausheben zu können; sie liegt in der dargestellten Thematik, in den Bäumen, den Pflanzen, dem Schnee, den Bergen, dem Wasser, den Schiffen, sie versteckt sich in den Vögeln, den im Nebel sich verlierenden Wegen, den Kreuzen, den Kathedralen und den Felsen – aber wenn wir sie zur Rede stellen, verstummen sie allesamt. Kein Wunder, dass auf Friedrichs Bildern nichts völlig mit sich selbst identisch ist; je tiefer wir in die Bildwelt eindringen, desto stärker haben wir das Gefühl, uns verirrt zu haben. Alles wird gespenstisch, die Kreuze, die Bäume und das Laub sind stumm, die Wellen schweigen, die Schiffe und die Wolken bewegen sich nicht.

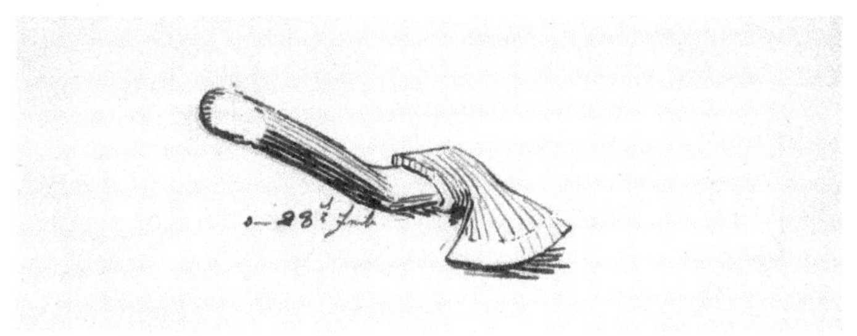

C. D. Friedrich: Studie einer Axt, 1802.
Ehem. Bremen, Kunsthalle.

Nichts bietet uns Orientierung, und erst wenn es zu spät ist, bemerken wir, dass wir den richtigen Weg in uns selbst hätten suchen müssen. Das Urbild ist wie Maja, die Göttin der Nacht und der Wolken; es deckt seinen Schleier über die Welt, die zwar erkennbar, aber doch schrecklich fremd ist.

Das Urbild ist unfasslich, denn der Mensch weiß nichts von ihm und sucht es deshalb auch nicht, oder wenn er von ihm weiß, untersucht er nicht das Urbild, sondern betrachtet durch dieses die Welt. Es ist wie ein Augapfel: Wir sehen ihn nicht, aber wir sehen mit ihm. Sein Wesen ist die Transparenz. Plotin sagt, wenn der Mensch in der Ekstase das geheimnisvolle Eine erblickt, dann sehe er nicht die Welt, sondern »das Schauen füllt seine Augen mit Licht und lässt durch das Licht nicht etwas anderes sichtbar werden, sondern das Licht selber ist es, was er sieht« (Enn. VI. 7. 36). Das ist, als blickte man nicht zum Fenster, um zu sehen, was es draußen gibt, sondern um die Fensterscheibe zu beobachten[3] – auch die Transparenz ordnet die Welt um. Es gibt wohl keinen anderen Maler, der mittels der Licht- und Beleuchtungstechnik solche Zweifel wecken konnte, ob wir wirklich das betrachten, was wir sehen. Und das gilt nicht nur für die Landschaften in Nebel und Dämmerung, sondern auch für seine »strahlendsten« Bilder; sie wirken, als läge über allem ein von unbekannter Hand herabgelassener durchscheinender Lichtschleier, was den Gedanken – und nicht das Auge! – nach dem Verbleib dieser Hand fragen lässt.[4]

Unendliche Sehnsucht strahlt wie ein eigenartiges Licht aus allen Bildern Friedrichs; wenn wir Goethes schöne Worte aus der Farbenlehre zitieren wollen, dann handelt diese Malerei letzten Endes von den »Thaten und Leiden des Lichts«. Das Licht – als Urbild – ist in den Bildern ein Mysterium fascinosum: Es dient nicht zur Beleuchtung, es hilft nicht dem Sehen, sondern es ist die nicht fassbare Grundlage des Daseins, ist metaphysische Realität, die die endlichen Dinge anstrahlt und so alles unendlich werden lässt. Im Licht äußert sich – um einen Gedankengang Fichtes zu zitieren – die absolute Innerlichkeit; es vermittelt ausschließlich sich selbst und ist nichts unterworfen – es ist jedem Anblick voraus. Es ist kein Zufall, dass auf vielen Bildern Friedrichs das Licht aus unbestimmbarer Richtung kommt: Die Landschaft wird nicht beleuchtet, sondern überstrahlt. Für Friedrich ist das Licht nichts anderes als das Schöpfungsprinzip. Mit Hilfe der Schattenlasuren wird der Raum nahezu unbegreiflich; nie weilte ein Mensch in einer Landschaft, über die sich das Licht so legte, wie über die Landschaft in dem Bild *Morgen im Riesengebirge* (BS/J 190). Und das gilt auch für die Farben. Nicht die Farbe verbreitet Licht, sondern das Licht verwandelt sich in Farbe, die somit ein drittrangiger Faktor ist: Der Ursprung der Farbe ist das Licht, der Ursprung des Lichtes – nach der Lehre des Jakob Böhme – Gott. Auf einem 1834 entstandenen Bild wollte Friedrich einen Himmel malen, auf den von oben Licht strömt, aber nicht das Licht der Sonne. David d'Angers, der ihn im Atelier besuchte, notierte, Friedrich, der mit dem Bild noch nicht fertig war, habe gesagt, er werde nie imstande sein, die Farben zu finden, mit denen er ausdrücken könnte, was in seiner Seele lebe (vgl. Sumowski, 232). Am liebsten war

Friedrich übrigens die Abenddämmerung, wenn wie auf ein Zauberwort die Farben erlöschen und den Anblick nicht länger »stören«. Deshalb haben die Farben in vielen Bildern keine Materie; auf dem Gemälde *Friedhofseingang* (BS/J 335) beispielsweise ist im Vergleich zum dunklen Vordergrund der Himmel unwahrscheinlich blau. Wichtiger als die reale Tageszeit war für Friedrich wohl der Übergang aus dem Dunkel im unteren Bildabschnitt zum Strahlen im oberen Teil. Dass aber dieser Übergang zugleich einen Gegensatz in sich trägt, lässt der in die geometrische Mitte des Bildes gemalte, kaum bemerkbare Engel, der Geist des gerade beerdigten Kindes, erahnen: Der Übergang zwischen Licht und Dunkelheit erinnert uns an den Widerspruch zwischen Leben und Tod.

Eine Lichtquelle bilden die Wolken, die in Friedrichs Malerei eine herausragende Rolle spielen. Sie verfügen kaum über Masse und Konturen, sie sind eher flach, eben, gedehnt. Und sie sind ebenso unbestimmt wie das Licht, das aus ihnen strömt. Es scheint, als bekräftigten sie die Auffassung der christlichen Mystik; da das Erblicken des göttlichen Lichtes den Menschen töte, habe sich Gott, damit seine Gegenwart erträglich sei, in einen Nebelschleier oder in Wolken gehüllt (*Ziehende Wolken* [BS/J 276], Meeresküste bei Mondschein [BS/J 292]). Das unterstreichen die Bilder, in denen sich die Wolken gleichsam bewegen und Masse »bekommen«. Wie auf einem der schönsten Bilder Friedrichs, *Neubrandenburg* (BS/J 225), konzentriert sich das unbestimmte Licht dann plötzlich, und die ganze Landschaft scheint in Flammen aufzugehen. Die schon an anderer Stelle beobachteten strudelnden Wolken schüren mit ihrem Wogen dieses Feuer noch, das gleichsam das Licht aus dem verdunkelten Vordergrund gesogen hat, und der schwarz aufragende gotische Kirchturm unterstützt unsere Ahnung, das Licht sei Bote des Fegefeuers.[5]

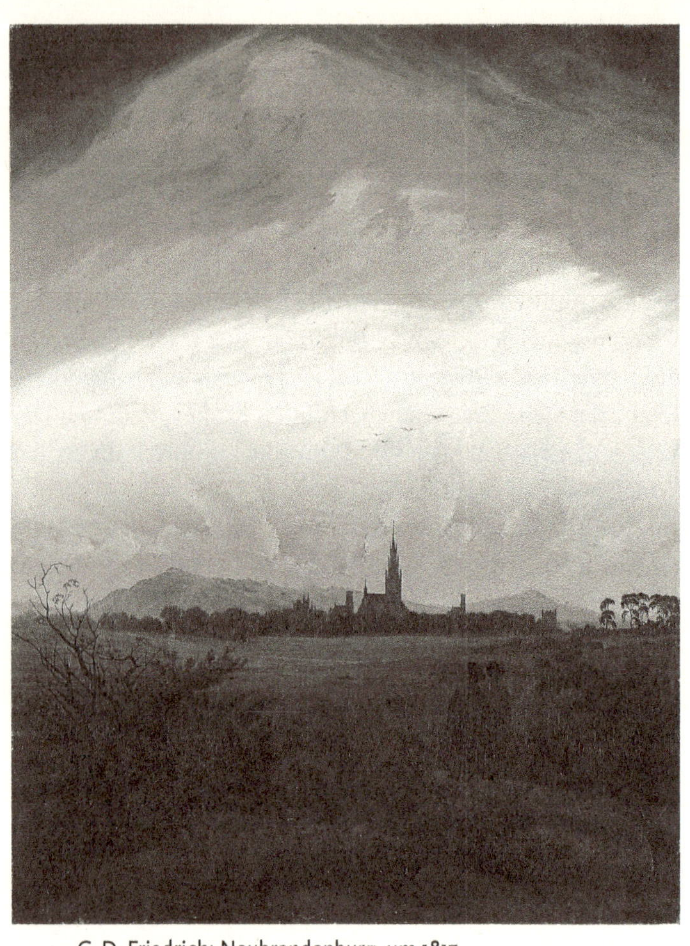

C. D. Friedrich: Neubrandenburg, um 1817.
Kiel, Stiftung Pommern.

Denn dies ist nicht das Licht der Sonne, sondern die Ausstrahlung eines Seins »dahinter«. Das *Kreuz im Walde* (BS/J 450) gehört nicht zu Friedrichs stärksten Werken, bietet aber einen Schlüssel zu vielen seiner Bilder. Hier zeigt er nämlich eindeutig, was er in seinen besseren Werken nur ahnen lässt: dass das Licht für ihn keine diesseitige Erscheinung ist; das Licht, das dem im Wald aufgestellten Kreuz entströmt, findet sich wieder in dem Kreuz, dass am Himmel erscheint – und dieses immaterielle Kreuz ist in Wahrheit das Licht selbst. Die göttliche Natur des Lichtes zeigt sich im *Kreuz im Gebirge* (BS/J 261) und in der *Vision der christlichen Kirche* (BS/J 202) bzw. in den *Engeln in Anbetung* (BS/J 434). Auf letzterem Bild fliegen die Engel geradewegs in das Licht hinein, das den oberen Teil ausfüllt; wie auf Turners auffallend ähnlichem Gemälde *Angel Standing in the Sun*, beten auch hier die Engel das Licht an. Was sie anbeten, ist von so elementarer Kraft, dass es allein als blendendes Licht wahrnehmbar ist. Die sinnliche Welt ist auf Wolken reduziert[6], und die beiden Engel, genau an der Halbierenden des Bildes angeordnet, verbinden die sinnliche mit der übersinnlichen Welt. Denn das Licht ist hier keine physikalische Erscheinung: Wie in Friedrichs Augen die Natur Botin eines metaphysischen Daseins ist[7], so hat das Licht die Aufgabe, den »inneren Blick« zu stählen. Am augenfälligsten wird das in dem Gemälde *Die Kathedrale* (BS/J 231). Nach Friedrichs eigener Deutung beten im Vordergrund die Engel zum Urlicht, das aus dem Schnittpunkt des Kreuzes strahlt. Die Lichtquelle, die den Platz Jesu einnimmt, erinnert an den heiligen Gral, nur hat sich das Blut in Licht verwandelt[8]. Der Regenbogen, der sich über das Kreuz wölbt, ist nach der mystischen Lehre das Symbol der Zeit nach einer Katastrophe, hier vermutlich ein Zeichen, das an die Herauslösung aus der sinnlichen Welt erinnert. Und hinter dem Kirchturm, der aus den Wolken ragt, zeigt sich eine weitere Lichtquelle, die dem

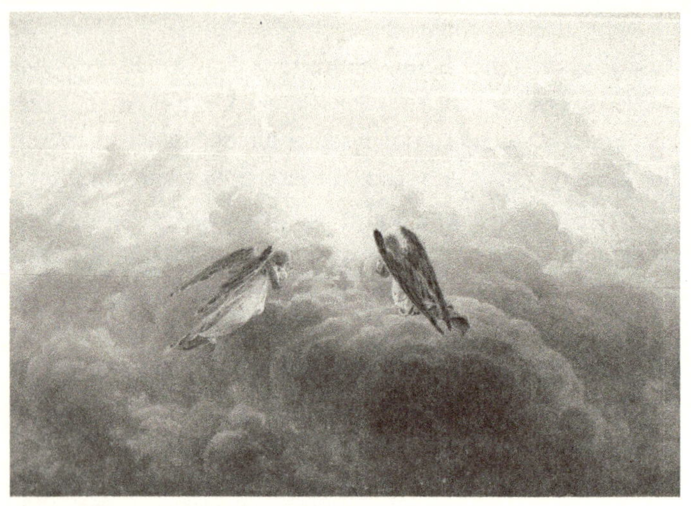

C. D. Friedrich: Engel in Anbetung, um 1826 (?). Hamburg, Kunsthalle.

Licht des Kreuzes gleich und dennoch würdevoller ist – sie mag Dionysios Areopagita gemeint haben, als er sagte, sie sei jenseits alles Guten, hyper pan agathon. Die Lichtvision ist Botin des Unaussprechlichen, sie weist auf das Nahsein Gottes hin, das alles versengt. Das Licht Gottes trübt das Licht der Sonne so wie die Sonne das der Sterne; an diesem Licht gemessen, so schreibt der bedeutendste Vertreter der Lichtmystik, Symeon der Neue Theologe, der um die Wende vom 10. zum 11. Jahrhundert lebte, verfinstert sich auch die Sonne. Deshalb hält er das göttliche Licht für unbenennbar bzw. unbegreifbar (phós arréton bzw. aprositon): mit körperlichem Auge ist es nicht wahrnehmbar, denn es würde den Menschen töten, sobald er es erblickt (vgl. Völker, 293). Allein die vom göttlichen Licht beleuchteten inneren Sinnesorgane eignen sich, dieses Licht zu »erblicken«, der Gedanke (nous), der Verstand (dianoia) und das Herz (kardia), die, wenn sie ihre »Selbständigkeit« verlieren und in den Dienst eines höheren Sehens treten (aus sich heraustreten, wie Symeon, die ursprüngliche Wortbedeutung der Ekstase aufgreifend, sagt), den Menschen zur Sicht Gottes, zur Theorie im ursprünglichen Sinn führen.

DIE NACHT SINKT HERAB

Friedrichs Bilder sind im tiefsten Sinn »theoretisch«; sie bieten Möglichkeit zum Sehen, selbst wenn unentschieden ist, ob es sich um das Sehen Gottes oder das Sehen des Fehlens Gottes handelt. Das himmlische Licht können nach Symeon nur die Sinnesorgane der Seele (ta tés psychés aisthétéria) empfangen, d. h. durch das »innere Auge« tritt der Mensch zu Gott in Verbindung und wird vorübergehend selbst zu Gott. Deshalb kann er, wenn er dieses wundersame Licht erblickt, das verborgene Talent freisetzen. Wie sich aber der Mensch auch dem Wunder nie gegenübersieht, weil dieses in ihm geschieht, so geht auch dem Freiwerden der schöpferischen Energie nicht das Licht voraus, sondern dieses Freiwerden äußert sich als strahlendes Licht. Die Augenblicke der Inspiration erfüllen den Menschen mit einem unsichtbaren Licht, und er vermag nicht zu entscheiden, ob er von einer ihm fremden Kraft erleuchtet wird oder ob das »Licht« seinem eigenen inneren, bisher unbekannten Ich entströmt. Das ist dem Traum nicht fern; die Fähigkeiten des Menschen vervielfachen sich dann ebenso wie im Traum. Es ist kaum ein Zufall, dass Friedrich zu einigen traumartigen Bildern tatsächlich im Schlaf inspiriert wurde; er erzählte viel von seinen eigenartigen Träumen, auch, dass er auf seine Malprobleme im Zusammenhang mit der Konzentration des Lichtes in einem Traum Antwort bekommen habe.

Das in Licht gehüllte und Licht verströmende Urbild weckt fortwährend Heimweh und ein unstillbares Gefühl des Fehlens. Aber es zwingt den Menschen nicht zu Untätigkeit: Einmal von ihm berührt, erschafft sich das Sehnen über kurz oder lang eine eigene Traumwelt. Die eigenartigen Lichterscheinungen, die sich auf Friedrichs Bildern ausbreiten, zeugen von dieser Schöpfung. Davon sind die Landschaften so irreal – nicht phantastisch oder der Phantasie entsprungen, da sie ja an die Welt erinnern, aber auch nicht natürlich. Diese Landschaften hat der Mensch erschaffen, doch nicht in dem Sinn, das sie gemalt sind – dann könnten sie durchaus natürlich sein –, sondern in dem, dass sie durchgeistigt sind. Wenn er mit dem Urbild in Berührung kommt, entströmt dem Menschen das Licht, mit dem er die Welt für sich erschaffen kann. Davon leben manche Gestalten, die uns den Rücken zuwenden; insbesondere gilt das für die Frauengestalt des Bildes *Frau vor der untergehenden Sonne* (BS/J 249). Sie ist eine gottartige Erscheinung: Sie nimmt selbst den Platz der verdeckten Sonne ein und erschafft die Welt. Die Dinge existieren davon, dass sie auf sie blickt; schlösse sie die Augen, würde alles dunkel. Aus ihr strömt das Licht, von dem die Welt hell wird; mit ihrem bloßen Sein, ihrer Körperhaltung suggeriert sie, ohne sie würde nichts existieren. Davon wirkt dieses Geschöpf so zerbrechlich; wenn diese göttliche Last der Mensch auf sich nimmt, wird auch der Maßstab menschlich. Friedrich greift hier nicht nur den schönen Goethe'schen Gedanken auf, wozu denn »alle der Aufwand von Sonnen und Planeten und Monden, von Sternen und Milchstraßen, von Kometen und Nebelflecken, von gewordenen und werdenden Welten (diene), wenn sich nicht zuletzt ein glücklicher Mensch unbewußt seines Daseins erfreut« (Goethe, XLVI. 22), er deutet auch an, dass ohne die menschliche Vision, das *Gesicht*, die »Geschlossenheit eines Sehens« (Fichte), dies alles nicht existieren könnte. Das zeigt sich auch darin, dass in mehreren Sprachen das Wort Welt von der Helligkeit abgeleitet ist. Wie ohne das menschliche »Gesicht« weder Helligkeit noch Dunkelheit, sondern nur eine übermenschliche »Neutralität« vorstellbar ist, die wir ruhig Nichts nennen können, erstreckt sich auch die Welt so weit wie unsere Phantasie, unsere Erleuchtung bietende innere Sicht. Was wir uns nicht vorstellen können, ist nicht unsere Welt. Die mit keinerlei Instrument wahrnehmbaren fernen Sterne gehören – wegen der Vorstellbarkeit ihrer bloßen Möglichkeit – zu unserer Welt, aber auch in unserer unmittelbaren Nähe kann es vielerlei geben, das nichts mit der Welt zu tun hat, da wir keine Vorstellung davon haben. Im Augenblick des Wunders wird letztlich etwas welthaftig, das früher nicht existierte und unvorstellbar war. Wir können das Wunder Erleuchtung, Erhellung nennen, weil sich dann herausstellt, dass die Welt, die wir in der Regel als eine mit physikalischen Parametern beschreibbare »Objektivität« ansehen, eigentlich *unsere* Welt ist; im Wunder enthüllt sich, dass alles von uns, von unserem Blick abhängt. Allein mit den Toten geschehen keine Wunder; sie haben keine Welt, sondern nur eine physikalische Umgebung, die zum Wunder nicht taugt. Und wie sie keine Helligkeit umgibt, so sind sie auch nicht von Dunkelheit umgeben, sondern von völligem Fehlen des Gedankens, wie es für den Stein charakteristisch ist. Die Welt setzt Dunkelheit ebenso voraus wie Helligkeit – aber auch Bewusstsein, ohne das dies alles nicht existieren könnte. Ohne Bewusstsein hätten wir nur eine physikalische Umgebung, obzwar in diesem Fall auch das Personal- und das Possessivpronomen nicht angewandt werden könnten. Die Welt erschafft sich jenseits der physikalischen Umgebung, in der Verwendung des Personalpronomens – im inneren Sehen, wenn wir auch die Dunkelheit als lichte Welt erleben. Ähnlich dem lichtartigen Urbild ist auch die Welt nicht fassbar; zitieren wir Heidegger: »Welt ist nicht die bloße Ansammlung der vorhandenen abzählbaren oder unabzählbaren, bekannten und unbekannten Dinge ... Welt weltet und ist seiender als das

Greifbare und Vernehmbare, worin wir uns heimisch glauben. Welt ist nie ein Gegenstand, der vor uns steht und angeschaut werden kann. Welt ist das immer Ungegenständliche!« (Heidegger, 30)

In der Geschichte der neuzeitlichen Malerei kommt es selten vor, dass jemand die Welt nicht mit der Ausdehnung, nicht mit dem physikalischen Raum, nicht mit einer umgrenzten Idee oder einem Ideal und besonders nicht mit der vor unseren Augen liegenden Natur identifiziert, sondern in etwas entdeckt, das von diesen nicht trennbar ist und dennoch über sie hinausweist. Friedrich, der Metaphysiker mit dem Pinsel in der Hand, versuchte es und brachte damit die Tafelbildmalerei in eine Grenzsituation. Natürlich ist die so interpretierte Welt nicht nur in seiner Malerei zu entdecken; aber in den früheren Bildern zeigte sie sich, wie die erwähnte Geständnisartigkeit, unabhängig von der malerischen Intention. Aus jedem bedeutenden Gemälde ist – gleichsam als Generalbass – die unfassliche Welthaftigkeit herauszuspüren. Auch wenn sie es bemerkten, war es nicht das, was die Maler in erster Linie beschäftigte; sie identifizierten mit der Welt entweder die in ihrer Gegenständlichkeit dargestellte und als Umgebung fungierende Wirklichkeit (realistisch-naturalistische Betrachtungsweise, die die Aufgabe der Kunst auf die Wirklichkeitsdarstellung beschränkt) oder die ideale Anordnung der über diese Wirklichkeit hinausreichenden Formen (Klassizismus). Die Welt, die wir mangels eines besseren Wortes Dasein mit menschlichem Antlitz nennen könnten, ist nicht identisch mit der dargestellten Thematik und auch nicht mit dem sogenannten Stil oder der Manier, sondern eher ist sie eine nicht fassbare Stimmung, eine sinnliche »Imponderabilie«. Friedrich war vermutlich der erste in der Geschichte der Malerei, der die Theorie der »reinen« oder »gegenstandslosen Empfindung« (Malewitsch) vorwegnahm und diese Imponderabilien –

das Unwägbare also, das nicht aus dem Gegenstand folgt, sondern auch diesem voraus ist – zum einzigen wirklichen Thema machte. Damit ließ er sich jedoch auf nicht weniger ein, als das zu malen, was nicht malbar ist.

In seiner Größe erinnert dieses Unternehmen an die mittelalterliche Tafelbildmalerei, und dadurch wird es heroisch; verzweifelt wird es dadurch, dass keinerlei göttliche Garantie hinter ihm steht. Auch der mittelalterliche Maler musste das Unmalbare malen; doch die unanfechtbare Gewissheit der Existenz Gottes machte den Widerspruch überbrückbar. Die Abstraktion und die sinnliche Ausführung konnten so friedlich nebeneinander leben. Auch Friedrich wollte Gott malen, doch sein Gott hatte das All verlassen und war ins Herz gezogen. Die das Herz durchdringende Unfasslichkeit wurde zur sinnlichsten Wirklichkeit, das durch nichts ausfüllbare Fehlen zur elementaren Erfahrung. Nur in einer solchen Situation kann überhaupt das Bedürfnis erwachen, dem Unfasslichen zuliebe alles zu vernachlässigen.

Das ist aber nicht nur eine technische Frage; es hängt nicht von neuen Farben, neuer Pinselhandhabung ab[1]. Das Urbild ist, wie wir sahen, kein Gegenstand, der darauf wartet, gemalt zu werden, sondern es ist eine Betrachtungsweise, die auch das Malen bestimmt – und auch das Licht selbst, das als Urbild alles bedeckt, ist keine eindeutige Erscheinung. Wenn wir in ihm nicht eine zur Beleuchtung dienende Komponente der physikalisch begriffenen Welt verstehen, sondern die Ausstrahlung des inneren Auges, dann ist es genauso »zerbrechlich« wie das menschliche Herz. Es kann sich leicht trüben, gar verdunkeln. Wie sich in der Mystik die Auffassung verbreitete, der Mensch werde auf der Stelle getötet, wenn er das göttliche Licht erblicke, so geschieht es häufig, dass das göttliche Licht als göttliche Dunkelheit wahrgenommen wird. In seiner Sehnsucht nach dem Unfasslichen und dem Unnennbaren träte der Mensch am liebsten über sich hinaus; deshalb kann das ersehnte Licht – wie bei der *Abtei im Eichwald* (BS/J 169) – auf das Nahesein des Todes hinweisen. Verständlich, dass 1833 die englische Reisende Anna Jameson nach einem Atelierbesuch bei Friedrich notierte, der Genius dieses Malers »schwelgt in Dunkelheit«. Wenn wir an das Licht nicht als physikalische Erscheinung denken, ist in Friedrichs Bildern wirklich etwas Dunkles. Auf der Suche nach dem Unfasslichen, dem Unmalbaren trat Friedrich auf die Nachtseite über. Das ist ein riesiges Reich, in dem auch das Licht Platz hat. Denn wenn wir nochmals das Bild *Frau vor der untergehenden Sonne* (BS/J 249) betrachten, dann sind wir zwar Zeugen einer Weltschöpfung, aber das Bild wirkt irreal dadurch, dass diese Welt nicht im alltäglichen Sinn erschaffen wurde (sofern es eine »alltägliche« Schöpfung überhaupt gibt): Das Licht ist gewissermaßen aus sich selbst herausgetreten, und eine lichtgleiche Dunkelheit gibt der Welt Helligkeit. Die Nachtseite der Malerei erschafft vom Vergehen her Welt und gründet alles auf Trübe.

Das fortwährende Sehnsucht erweckende Urbild ist Quelle des immateriellen Lichtes ebenso wie der tödlichen Dunkelheit; auch wenn ein Bild im funkelndsten Licht schwimmt, ahnt man den Tod; doch auch die Dämmerungs- und Nachtbilder sind in ein seltsames Licht getaucht. Überall leuchtet die *Nachtsonne*, die wir nur der Not gehorchend mal Sonne, mal Mond nennen. Und wenn Friedrichs Zeitgenossen den Mond auf seinen Bildern mit dem Auge Gottes verglichen und die spätere Fachliteratur ein Symbol Jesu Christi in ihm entdeckte[2], dann erkennen wir in ihm eher einen Planeten der Toten[3]. Wenn wir von der Meinung eines Zeitgenossen ausgehen, der Mond in Friedrichs Bildern sei wie das Auge Gottes, können wir diesen Gott als Todesgott betrachten; deshalb wirkt der Mond so fremdartig und geheimnisvoll[4]. Und deshalb wirken die Gestalten in *Mann und Frau den Mond betrachtend* (BS/J 404) und *Abendlandschaft mit zwei*

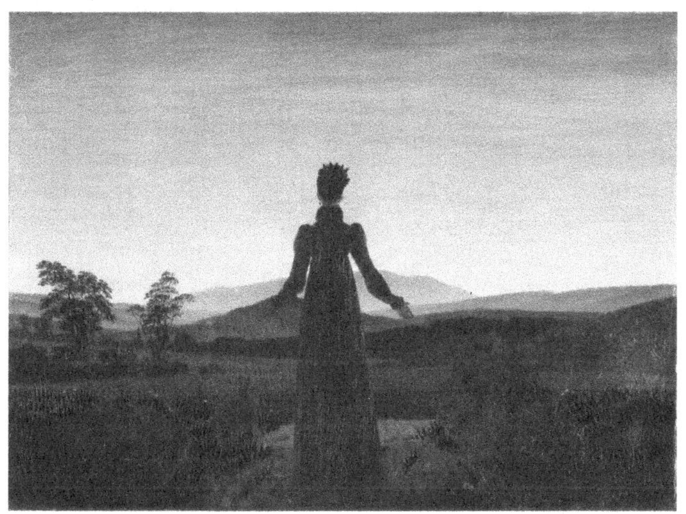

C. D. Friedrich: Frau vor der untergehenden Sonne, um 1818. Essen, Folkwang Museum.

Männern (BS/J 406) so, als schauten sie ihrem eigenen Tod entgegen. Es ist, als wäre am dunklen Himmel das Gorgo-Gesicht aufgegangen – nicht zufällig bezeichneten Orpheus und die Seinen das Gesicht im Mond als Gorgoneion. Und die Menschen, die wir im *Ostermorgen* (BS/J 408) oder in der *Abendlandschaft mit zwei Männern* (BS/J 406) sehen, machen – unabhängig davon, dass sie wahrscheinlich, die aufgehende Sonne betrachten – wahrhaftig den Eindruck von Toten; es ist, als spazierten Gespenster umher[5]. Am rätselhaftesten ist wohl der Mond über dem Junotempel in Agrigent (BS/J 382): Der die griechische Ruine betrachtende Todesgott hüllt die ganze Landschaft in ein besonderes Licht. Es ist beinahe taghell[6], und doch kündet alles vom Nahen der ewigen Nacht. Diese Landschaft liegt bereits am jenseitigen Ufer, dorthin kann kein Lebender den Fuß setzen, und undenkbar auch, dass über diesem Horizont noch einmal die Sonne aufgeht.

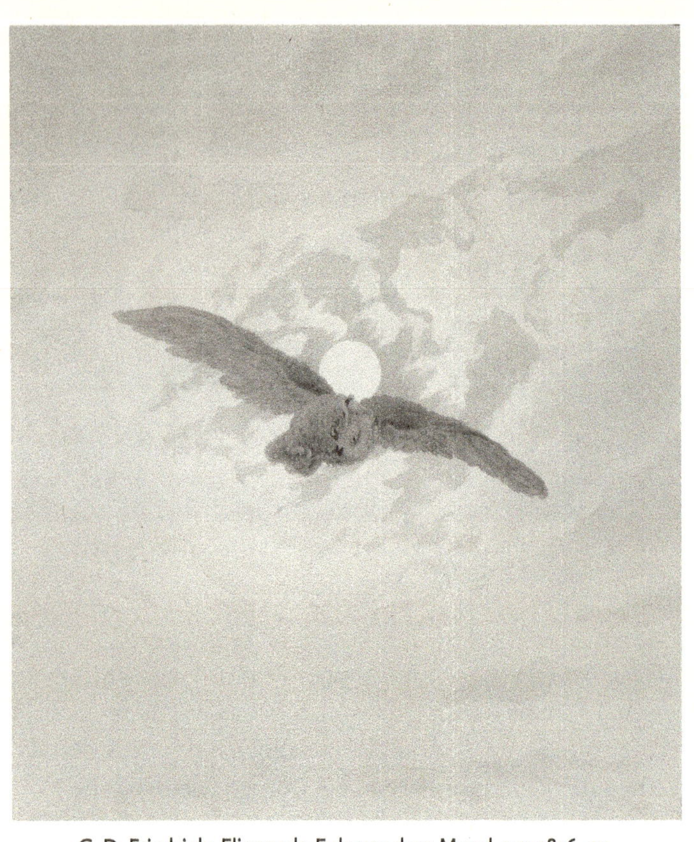

C. D. Friedrich: Fliegende Eule vor dem Mond, um 1836–37. Sankt Petersburg, Staatliche Ermitage.

Für den Menschen, der Gott ablehnt, ist eine neue Schöpfung die einzige Möglichkeit, sich eine Heimstatt zu schaffen. Doch Friedrichs Bilder scheinen zu suggerieren, dass diese Schöpfung nur auf der Nachtseite durchführbar ist: Wenn der Mensch sich zur Abkehr von Gott entscheidet, also die Einsamkeit wählt, beginnt er unweigerlich im Dunkeln zu tappen. Die Helligkeit, die zur Schöpfung nötig ist, das Licht des Mondes, leuchtet im Dunkeln, Bindesubstanz der sich ausbreitenden Helligkeit ist die Dunkelheit, und allem entströmt, wie auf Friedrichs bedeutendsten Bildern, nicht nur Licht, sondern auch Dunkel. Die Sicht des Lichtes bringe das Gefühl der Schuld mit, lehrte Symeon – der Mensch fühle dann, dass es in seinem Herzen dunkel ist, und er sei betrübt darüber, dass er sich so weit von Gott entfernt hat. Licht und Dunkelheit setzen einander ebenso voraus wie Glaube und Unglaube; ihr Widerspruch ist unlösbar, und von Frieden kann keine Rede sein. Dem kann höchstens das Grau trauen, der mangels Besserem beibehaltene Glaube, das jedoch kaum mehr zu bieten vermag als das Erlebnis der Wüste.[7]

Bei der von der Nachtseite her vollzogenen Schöpfung kann dem Menschen keine letzte Beruhigung zuteilwerden; gründet er alles auf seine eigene zerbrechliche Existenz, kann er zu nichts restlos Vertrauen haben. Das unstillbare Verlangen ist kennzeichnend für Menschen, die, wie Friedrich, die Erlösung so verbittert suchen, dass sie auch Gott nicht mehr vertrauen, sondern nur noch sich selbst. Dieses Verlangen kommt bei nichts zur Ruhe. Dem Menschen wird dann bewusst, dass er machen kann, was er will, es werden immer Ungenauigkeiten sein, und das kann das Zeichen der reichen Eigengesetzlichkeit menschlicher Existenz ebenso sein wie das Zeichen menschlicher Fehlbarkeit. Entsteht ein solcher Mensch aus fehlerhafter Materie? Oder ist das Leben vielleicht gar nicht denkbar ohne diesen »Fehler«? Sollte das unser Schicksal sein? »Existiertest du nicht, könntest du auch nicht irren«, sagt der heilige Augustinus. Si falor sum: Der Mensch betritt andauernd Irrwege, weil er nie die Wahrheit besitzen kann. Der Irrtum gehört zu den bezeichnendsten Zuständen menschlichen Seins; und das bezieht sich nicht auf die Falschheit der Urteile, denn in seinen Urteilen ist der Mensch zuweilen durchaus untrüglich. Das Irren ist vielmehr eine Situation: Der Mensch kann – um Schelling zu paraphrasieren –, da ihm die letzte

Grundlage seines Seins immer aus der Hand gleitet, letztlich und endgültig auch nicht über sich selbst verfugen. Die christliche Tradition führt den Irrtum auf die Sünde zurück: Der Mensch verfehlt den richtigen Weg, weil er in Nicht-Wahrheit lebt. Um neuerlich Augustinus zu zitieren: »Er will sich verbergen, aber er will nicht, daß sich anderes vor ihm verbirgt. Er büßt also, indem er sich nicht vor der Wahrheit verstecken kann; aber die Wahrheit versteckt sich vor ihm« (Augustin, X. 23). Das Gefühl der Unfehlbarkeit und der Zustand des Irrens sind Manifestationen der Sehnsucht nach Unsterblichkeit und des Zwangs zur Sterblichkeit; es gibt niemanden, der, von der göttlichen Untrüglichkeit träumend, nicht Gewissensbisse wegen seines eigenen Irrens empfände wie wegen einer Sünde. Doch wenn es Sünde überhaupt gibt, dann sind gerade Gewissensbisse für sie verantwortlich. Mit Gewissensbissen verleugnet der Mensch das Wie seines Lebens, und damit kehrt er der Wahrheit seines eigenen Seins den Rücken – der Wahrheit, dass er in Nicht- Wahrheit lebt und ewig irrt. Die sogenannte Sünde bedeutet ja gerade die Ablehnung und nicht die Anerkennung dessen.

Was bleibt hiernach? Das Urbild, die Sicht des Lichtes, die göttliche Dunkelheit und die Einsicht in das Irren (aber nicht die Abfindung mit ihr!) machen den Menschen unbefriedigbar. Er möchte aus dem undurchdringlichen Grau, das auch den *Mönch am Meer* (BS/J 108) umgibt, ins Licht gelangen. Am liebsten ließe er sich an das Kreuz nageln, das den Horizont des Bildes *Morgen im Riesengebirge* (BS/J 190) schneidet: Zu Christus werdend könnte er aufhören, Mensch zu sein, und sich in Licht verwandeln. Um erlöst zu werden, würde der Mensch gern auf alles verzichten, was ihn ins Leben zurückziehen könnte. Beinahe schon selbstquälerisch kämpft er gegen sein »schlechteres Ich«, bis er endlich einsieht, dass er von oben nie Erlösung erhoffen darf: Sein »besseres Ich« erwächst nur aus dem restlosen Ertragen und Ausleben des »schlechteren Ichs«. Dann erschließt sich ihm das lasurartige Urbild, das ihm neue und neue Horizonte eröffnet, dann wird ihm bewusst, dass die Dämmerung nicht ewig dauert: es kommt die Nacht und mit ihr der Aufgang des Mondes. Und dann kann er sich auf den Weg machen, in dessen geheimnisvollem Licht sich selbst zu erforschen.

LITERATURVERZEICHNIS

Augustin, *Bekenntnisse*, dt. von Hermann Hefele, Union Verlag, Berlin, 1959

Baader, Franz von, *Über den Begriff der Ekstasis als Metastasis*, in: *Sämmtliche Werke*, Leipzig, 1851–60, Band 4

- *Briefe*, ebenda, Band 15

Bataille, Georges, *Die Tränen des Eros*, Matthes & Seitz, München 1993, S. 74, Anm. 23

Benz, Richard, *Die deutsche Romantik*, Philipp Reclam jun., Leipzig, 1940[4]

Boccaccio, Giovanni, *Das Leben Dantes*, dt. von Otto Freiherr von Taube, Insel, Leipzig 1919

Börsch-Supan, Helmut, *Caspar David Friedrich*, Prestel, München, 1973

Börsch-Supan, Helmut – Jähnig, Karl Wilhelm, *Caspar David Friedrich, Gemälde, Druckgraphik und bildmäßige Zeichnungen*, Prestel, München, 1973

Brentano, Clemens, *Briefe*, I–II, Hans Carl Verlag, Nürnberg, 1951

Carus, Carl Gustav, *Lebenserinnerungen und Denkwürdigkeiten*, I–II, Kiepenheuer, Weimar, 1966

Eimer, Gerhard, *Caspar David Friedrich. Auge und Landschaft. Zeugnisse in Bild und Wort*, Insel Verlag, Frankfurt am Main, 1974

Fichte, Johann Gottlieb, *Grundlage der gesamten Wissenschaftslehre, 1794*, in: *J. G. Fichtes sämmtliche Werke*, I. Abt. I. Bd., Veit und Comp., Berlin, 1845

Goethe, Johann Wolfgang von, *Gott und Welt. Atmosphäre*, in: *Goethes Werke*, hrsg. im Auftrage der Großherzogin Sophie von Sachsen, Bd. 3, H. Böhlau, Weimar, 1890

- *Winckelmann*, ebenda, Bd. 46, 1891

- *Von Arabesken*, ebenda, Bd. 47, 1896

– *Maximen und Reflexionen*, in: *Goethes Werke*, Bd. 12 (Hamburger Ausgabe), C. H. Beck, München, 1973

Hartlaub, F. G., *Caspar David Friedrichs Melancholie*, in: Zeitschrift des deutschen Vereins für Kunstwissenschaft 8 (1941), pp. 261–281

Hegel, G. W. F., *Glauben und Wissen*, in: G. W. F. Hegel: *Sämtliche Werke*, hrsg. Hermann Glockner, Bd. I, Fr. Frommann – G. Holzboog, Stuttgart, 1958

Heidegger, Martin, *Der Ursprung des Kunstwerkes*, in: *Holzwege*, Vittorio Klostermann, 1977, pp. I–75

Hinz, Sigrid (Hrsg.), *Caspar David Friedrich in Briefen und Bekenntnissen*, Rogner & Bernhard, München, 1968

Jensen, Jens Christian, *Caspar David Friedrich. Leben und Werk*, DuMont Buchverlag, Köln 1983

Kleist, Heinrich von, *Sämtliche Werke und Briefe*, I–II, Wissenschaftliche Buchgesellschaft, Darmstadt, 1962

Koestler, Arthur, *The Act of Creation*, Hutchinson, London, 1976

Kosegarten, Ludwig Theoboul, *Briefe eines Schiffbrüchigen*, in: *Rhapsodien*, Bd. 2, Leipzig, 1790, pp. 55–135

Kügelgen, Wilhelm von, *Jugenderinnerungen eines alten Mannes*, Schreiter, Berlin, o. J.

Möbius, Friedrich, *Caspar David Friedrichs Gemälde »Abtei im Eichwald« und die frühe Wirkungsgeschichte der Ruine Eldena bei Greifswald*, in: Abhandlungen der Sächsischen Akademie der Wissenschaften zu Leipzig, Band 68, Heft 2, 1980

Müller, Adam, *Etwas über Landschaftsmalerey*, in: *Adam Müllers vermischte Schriften über Staat, Philosophie und Kunst*, I–II, Wien, 1812

Neidhardt, Hans Joachim, *Caspar David Friedrich und sein Kreis*, in: *Caspar David Friedrich und sein Kreis, Ausstellung im Nationalmuseum für moderne Kunst*, Katalog, Tokyo, 1978, pp. 26–34

Neumayer, A., *Die Erweckung der Gotik in der deutschen Kunst des späten 18. Jahrhunderts*, in: Repertorium für Kunstwissenschaft 49 (1928)

Nietzsche, Friedrich, *Sämtliche Werke*, Bd. 1–15, hrsg. Giorgio Colli und Mazzino Montinari, Deutscher Taschenbuch Verlag – de Gruyter, München, 1980

Novalis, *Das philosophische Werk*, in: *Schriften*, Bd. 3, Wissenschaftliche Buchgesellschaft, Darmstadt, 1968

Ohara, Mayumi, *Über das sog. »Große Gehege« Caspar David Friedrichs*, in: Zeitschrift für Kunstgeschichte 47 (1984), pp. 100–117

Oken, Lorenz, *Lehrbuch des Systems der Naturphilosophie*, Frommann, Jena, 1809
Panofsky, Erwin, *Die Perspektive als »symbolische Form«*, in: *Aufsätze zu Grundfragen der Kunstwissenschaft*, Verlag Bruno Hessling, Berlin 19772, pp. 99–169
Paul, Jean, *Siebenkäs*, Hanser, München, 1959
Plotins *Schriften*, Bd. 1–5, dt. von Richard Harder, Meiner, Leipzig, 1930–1937
Richter, Ludwig, *Lebenserinnerungen eines deutschen Malers*, Leipzig, 1909
Rosenblum, Robert, *Modern Painting and the Northern Romantic Tradition. Friedrich to Rothko*, Thames and Hudson, London, 1975
Rosenzweig, Franz, *Der Stern der Erlösung*, Suhrkamp, Frankfurt am Main, 1988
Runge, Philipp Otto, *Briefe und Schriften*, Henschel Verlag, Berlin, 1981
Safranski, Rüdiger, *Schopenhauer und die wilden Jahre der Philosophie*, Hanser, München, 1987
Schlegel, August Wilhelm, *Die Gemälde. Gespräch. In Dresden 1798*, in: Athenäum, 1799, Band II. l. pp. 39–151
Schleiermacher, F. D. E., *Über die Religion. Reden an die Gebildeten unter ihren Verächtern*, in: *Kritische Gesamtausgabe*, Band I. 2, Walter de Gruyter, Berlin – New York, 1984
Schubert, Gotthilf Heinrich, *Ansichten von der Nachtseite der Naturwissenschaft*, Arnoldi, Dresden, 1808
Sumowski, Werner, *Caspar David Friedrich-Studien*, Franz Steiner Verlag, Wiesbaden, 1970
Tauler, Johannes, *Eine deutsche Theologie*, Insel Verlag, Leipzig, 1922
Unamuno, Miguel de, *Der Nebel*, dt. von Otto Buek, Kiepenheuer und Witsch, Köln – Berlin, 1965
Vaisse, Pierre, *Friedrich und wir*, in: Jacqueline et Maurice Guillaud: *Caspar David Friedrich. Linien und Transparenz*, Centre Culturel du Marais, Paris, 1984, pp. 28–49
Völker, W., *Praxis und Theorie bei Symeon dem Neuen Theologen*, Franz Steiner Verlag, Wiesbaden, 1974

ANMERKUNGEN

Einleitung

1 Vielleicht sehnte er sich deshalb in noch nördlichere Gegenden, nach Island, das er »Land der Seele« nannte?

Das Auge

1 Wenn wir die Sepiazeichnungen der beiden Fenster des Ateliers (Blick aus dem Atelier des Künstlers, linkes Fenster [BS/J 131] und rechtes Fenster [BS/J 132]) neben die beiden früher entstandenen Selbstbildnisse (BS/J 36 und 37) legen, können wir uns leicht zwei neue Bilder vorstellen, auf denen je ein Friedrich-Gesicht aus den beiden Fenstern blickt. Zur Interpretation der beiden Atelierfenster vgl. Helmut Börsch-Supan und Karl Wilhelm Jähnig, 285–286. Der Numerierung der Friedrichschen Bilder legen wir das Werksverzeichnis dieses Katalogs zugrunde.

2 Das ist vermutlich die Erklärung dafür, dass von den beiden gleichzeitig entstandenen Atelierzeichnungen (1805–06) Friedrich auf der Dresdener Ausstellung 1806 nur die letztere zeigte.

3 Friedrich ließ ihn angeblich wachsen, um die Spur des einige Jahre vorher versuchten Selbstmords zu verdecken.

4 Ein Freund Friedrichs, der Naturphilosoph Gotthilf Heinrich von Schubert, sah das Gesicht des Malers so: »Es war keineswegs das, was man schön nennt, ziemlich bleich und mager, aber jeder Muskel desselben, auch wenn er sich nicht bewegte, stellte einen kräftigen Charakterzug dar, welcher durch die sich immer gleich bleibende Stimmung des Gemüthes zu einem feststehenden Gepräge geworden war« (zit. nach Eimer, 14).

5 Das Sepiagemälde *Mein Begräbnis* (BS/J 112) ist verloren gegangen, und wir können uns von ihm nur anhand der zeitgenös-

sischen Ausstellungskritik einen Begriff machen: Trauernde umstehen ein offenes Grab, neben dem ein Kreuz mit dieser Inschrift liegt: »Hier ruht in Gott C. D. Friedrich«. Der Geistliche, der die Trauermesse liest, deutet auf einen umherfliegenden Schmetterling, der die Seele des Malers symbolisiert. Im Hintergrund sieht man die Ruinen eines Klosters, darüber einen Regenbogen; durch die Wolken bricht die Sonne, in deren Strahlen fünf weitere Schmetter-linge zu sehen sind, die Seelen der Angehörigen Friedrichs.

6 Z. B. *Mann und Frau den Mond betrachtend* (BS/J 404), *Junotempel in Agrigent* (BS/J 381), *Waldlandschaft bei aufgehender Sonne* (BS/J 422).

7 In *Eine deutsche Theologie*, vermutlich von Johannes Tauler, lesen wir: »Wisset: man liest und spricht, die Seele Christi habe zwei Augen, ein rechtes und ein linkes. Im Anbeginn, da sie geschaffen ward, da kehrte sie das rechte Auge in die Ewigkeit und in die Gottheit und stund da in vollkommenem Genuß und Anschauung göttlichen Wesens und ewiger Vollkommenheit, unbeweglich; und blieb da unbewegt und frei von allem Geschehnis und Mühseligen, Leiden, Marter und Pein, die dem äußern Menschen je wiederfuhren. Mit dem linken Auge aber sah sie in die Kreatur und erkannte da alle Dinge und unterschied in den Kreaturen, was da besser oder unbesser, edler oder unedler wäre, und darnach ward der äußere Mensch Christi gerichtet. … Nun hat auch die geschaffene Seele des Menschen zwei Augen. Das eine ist das Vermögen zu sehen in die Ewigkeit, das andere zu sehen in die Zeit und in die Kreaturen, darin Unterschiede zu erkennen, wie vorhin gesagt, und dem Leibe Leben und Notdurft zu geben und den zu richten und zu regieren nach dem Allerbesten. Aber diese beiden Augen der Seele des Menschen vermögen nicht zugleich miteinander ihr Werk zu üben, sondern, soll die Seele mit dem rechten Auge in die Ewigkeit sehen, so muß das linke Auge sich all seines Tuns enthalten und begeben und muß sich halten, als ob es tot sei. Soll dann das linke Auge seine Werke nach außen üben, nämlich wirken mit der Zeit und Kreatur, so muß auch das rechte Auge an seinem Werk behindert werden, das ist, an seiner Beschauung. Darum, wer das eine haben will, der muß das andere lassen fahren. Denn es kann niemand zweien Herren dienen« (Tauler, 101–2).

Das Atelier

1 An dem Bild *Der Mönch am Meer* (BS/J 168) arbeitete er mindestens zwei Jahre

2 Karl Gustav Carus erinnert sich so an Friedrich: »Man sah ihn fast nie unter Menschen ... Die Dämmerung war sein Element, früh im ersten Morgenlicht ein einsamer Spaziergang und ebenso ein zweiter abends bei oder nach Sonnenuntergang ..., das waren seine einzigen Zerstreuungen; übrigens brütete er in seinem stark beschatteten Zimmer fast fortwährend über seinen Kunstschöpfungen.« (zit. nach Hinz, 202)

3 In seinen Niederschriften nennt Friedrich die »innere Stimme« (Hinz, 103) abwechselnd Kunst und Gott; natürlich wäre es überflüssig, Gott hier auf irgendeine Konfession festzulegen. »Ich ... fordere von einem Kunstwerk Erhebung des Geistes und-wenn auch nicht allein und ausschließlich-religiösen Aufschwung« (Hinz, 128). Ohne uns auf eine Debatte über die zur Zeit Friedrichs besonders aktuelle Problematik des Verhältnisses zwischen Religion und Kunst einzulassen, wollen wir auf einen Gedanken von Georges Bataille hinweisen: »... in der Religion haben die Handlungen vor allem einen unmittelbaren Wert, den Wert des Heiligen ... der Wert des Heiligen bleibt ... im Prinzip ein unmittelbarer Wert: er hat nur Sinn in jenem Augenblick der Verklärung, in dem wir eben ... zum höchsten Wert übergehen, zu einem Wert, der unabhängig von jeder Auswirkung des Augenblicks selbst ist, und das ist im Grunde der ästhetische Wert.«

Der gefallene Engel

1 Bezüglich des genauen Ortes des Blickpunktes hat immer seit der Anwendung der Perspektive Unsicherheit geherrscht. Nach Erwin Panofsky bezieht sich das auf Leonardo oder Jan van Eyck ebenso wie auf die Niederländer des 17. Jahrhunderts, die den Vordergrund unbelebt malten, um sich den psychologischen Umständen des Sehens anzupassen, oder auf die Perspektiven der barocken Freskenmalerei (Panofsky, 118–9).

2 Beide gaben in Dresden die Zeitschrift Phöbus (1808) heraus, die sich in mehreren Beiträgen gegen die Angriffe Ramdohrs eindeutig auf die Seite Friedrichs stellte.

3 Uns sind viele Wolkenstudien überliefert, wo das perspektivische Verhältnis der einzelnen Wolken mit Zahlen gekennzeichnet ist; auf den Gemälden ordnete er sie dann neu.

4 *Dorflandschaft hei Morgenbeleuchtung* (BS/J 298), *Eichbaum im Schnee* (BS/J 365).

5 *Meeresküste bei Mondschein* (BS/J 392), *Mondaufgang am Meer* (BS/J 281).

6 Mit Infrarotaufnahmen lässt sich nachweisen, dass Friedrich ursprünglich beiderseits des Mönches auch je ein Schiff gemalt hatte. Sie übermalte er später.

7 Kopfform und Haartracht des Mönches zeigen, dass Friedrich sich selbst gemalt hat.

8 In Deutschland wurden vom 16.Jahrhundert an kahle, abgestorbene Bäume als Saturnusbäume bezeichnet; man denke daran, dass der Saturn der Planet der Melancholie war.

9 Auch das ist ein Selbstporträt, selbst wenn nach manchen Quellen die beiden Gestalten nicht von Friedrich, sondern von Friedrich Georg Kersting gemalt wurden. Übrigens spricht es für den auch später ausgezeichneten Geschmack des fünfzehnjährigen preußischen Kronprinzen Friedrich Wilhelm, dass er die drei Gemälde schleunigst kaufte.

10 In der griechischen und der lateinischen Bezeichnung für den Himmel (aithér bzw. caelum) ist der Hinweis auf das Licht enthalten; der Himmel ist in diesen Sprachen mehr als ein Teil der sichtbaren Natur; der Mensch sieht letzten Endes nicht das Licht, sondern vermittels des Lichtes.

Die Utopie des Raumes

1 »Man sieht … gewöhnlich nicht ein: daß … das Nichtgesehene, so wie das Nichtgehörte, Nichtbegreifliche, und eben darum Unbewegliche nicht nur nicht Nichts und nicht nur nicht Weniger ist, als das Sichtbare, Hörbare, Begreifliche, Bewegliche, sondern daß es mehr als letzteres ist, indem das Nichtgesehene eben das Sehende, das Nichtgehörte das Hörende, das Nichtbegreifliche das Begreifende und das Unbewegliche das Bewegende ist«, schreibt Franz von Baader, der übrigens voller Anerkennung für Friedrich war, in *Über den Begriff der Ekstasis als Metastasis* (Baader, IV 160).

2 Den – nicht ausgeführten – Auftrag für Stralsund erhielt er gemeinsam mit Karl Friedrich Schinkel, den Prinz Friedrich von Preußen übrigens um einen Rahmen für ein Gemälde Friedrichs bat. Schinkel war, das sei hier angemerkt, auch als bildender Künstler tätig; neben eine 1813 entstandene Lithographie (sie zeigt Mönche auf dem Weg zu einer halb im Laub verborgenen Kirche) schrieb er: »Versuch, die liebliche, sehnsuchtsvolle Wehmut auszudrücken, welche ein Herz beim Klang des Gottesdienstes aus der Kirche herschallend erfüllt« (zit. nach Neumayer, 120).

3 In seinen Aquarellen und Sepiabildern ließ er die Bleistiftlinien oft stehen, um die Struktur der Ansicht herauszuheben.

4 Auf einem Dresdener Friedhof erhalten gebliebene Grabmäler, die von Friedrich stammen, könnten auch als Denkmäler für die Abgründe des Daseins verstanden werden

5 Es ist alles andere als ein Zufall, dass mehrere minimalistische Künstler (z. B. Frank Stella, Tony Smith) ursprünglich »heftig« malende abstrakte Expressionisten waren.

6 Auf einem Entwurf Friedrichs für ein Kriegerdenkmal lesen wir: »Deutscher Krieger Denkmal so gefallen für Freiheit und Recht«.

7 Als er ihn auf Drängen seiner Freunde dennoch in seinem Atelier ausstellte, sorgte er für Dämmerlicht in dem leeren Zimmer und stellte das Bild auf einen Tisch, der mit einem schwarzen Tuch bedeckt war. Nach einem zeitgenössischen Augenzeugen waren die Besucher so stumm und ergriffen, als befänden sie sich in einer Kirche. – Museen lehnte Friedrich übrigens ab, weil er meinte, sie schadeten den Werken nur und könnten als Erfahrungsquelle höchstens für den praktizierenden Künstler von Nutzen sein.

8 Als 1815 die Stralsunder Marienkirche restauriert wurde, riet Friedrich von einem Altarbild ab: man könne an ein solches nicht nahe genug herantreten – Voraussetzung der Meditation nämlich sei eine intime Umgebung.

9 1950 trafen sich die amerikanischen abstrakten Expressionisten zu einer Konferenz, zu deren Schwerpunktthemen gehörte, wann ein Gemälde als abgeschlossen gelten kann.

10 Als unerlässliche Bedingung für die Rezeption seiner Werke nannte er die Stille.

11 Zur Parallele zwischen Friedrich und Rothko vgl. Robert Rosenblum, 1975, S. 10.

Einstürzende Räume

1 Einem brillanten Einfall folgend, benutzte Hans Jürgen Syberberg dieses Gemälde in seinem Film *Parsifal* (1982). Er ließ den auf Dürers *Melancholie-Stich* sichtbaren, bearbeiteten und regelmäßigen (!) Steinbrocken – er symbolisierte im Film den Gral – durch diese Landschaft um Agrigent und vor dieser Kirche vorüber schleppen.

2 Friedrich hat dieses Bild mehrmals gemalt, aber die wenigen vorgenommenen Veränderungen berührten lediglich die fasziniert den Mond angaffenden Gestalten, nicht die Struktur.

3 Vgl. Mayumi Ohara, 100–117.

4 Okens Buch, von dem ein Exemplar noch 1985 unaufgeschnitten in einem Budapester Antiquariat stand, wurde von jenem Frommann herausgegeben, der ein Jahr nach dem Erscheinen Friedrich auch persönlich aufsuchte. 1820 veröffentlichte Oken übrigens in seiner ab 1817 herausgegebenen Zeitschrift »Isis« einen anerkennenden Artikel über Friedrichs Bild Klosterfriedhof im Schnee (BS/J 254), verfasst von Karl Wildenhain, einem ehemaligen Schüler Friedrichs.

Was malt der Maler?

1 Im Gegensatz zu vielen Kritikern, die über den Nachweis der technischen Unvollkommenheit nicht hinauskamen

2 Führend in diesem manchmal schon überspannten Rätselraten ist Helmut Börsch-Supan, im Übrigen einer der gründlichsten Friedrich-Forscher aller Zeiten.

3 Dem widerspricht natürlich nicht, dass beide Systeme – die gesehene Natur und das sie darstellende Gemälde – Erlebnisse von elementarer Wirkung auslösen können.

4 Um die Wende vom 17. zum 18. Jahrhundert war die Uneinigkeit so stark, dass allein in England das Wort Natur nach Boyle über acht, nach Pierre Bayle über elf Bedeutungen verfugte.

5 Man denke von Gemälden vom 13./14. Jahrhundert: damit übernahm der Mensch die Verantwortung für die Schöpfung. Hier sei vermerkt, dass Friedrich seine vollendeten Gemälde nicht signiert hat; man erkenne den Maler ohnehin an seinem Bild. Damit trieb er nicht nur die Profanisierung des Künstler-Gottes

auf die Spitze, er verlieh auch der Subjektivität eine mythische Dimension.an die Verbreitung des Signierens

Blindfenstermalerei

1 Augenfällig sind die manieristischen Wurzeln dieser Anschauung: Auch die Manieristen meinten, der in der Kunst eingetretene Gleichgewichtsverlust sei durch Versöhnung der inneren und äußeren Vorstellung reparierbar. Nach Armenini (1587) erkennen wir durch das sehende Auge (l'occhio visio) zwar die Welt, aber bestimmt wird das »disegno« vom lebendigen Licht des reinen Verstandes (vivo lume di bello engegno); und Zuccari (1607) unterscheidet ebenfalls zwischen Disegno Interno und Disegno Externo. Das seelische Bild leiten sie auf die Idee zurück und interpretieren sie – der Scholastik folgend – theologisch; da es aber die Möglichkeit der mittelalterlichen symbolischen Sehweise nicht mehr gibt, führt die Unterscheidung von äußerem und innerem Bild zu einer dualistischen Daseinsauffassung.

2 Der Protestant Kleist berichtete in Dresden über das folgende Erlebnis: »Nirgends fand ich mich ... tiefer in meinem Innersten gerührt, als in der katholischen Kirche, wo die größte, erhebenste Musik noch zu den andern Künsten tritt, das Herz gewaltsam zu bewegen. Ach, unser Gottesdienst ist keiner. Er spricht nur zu dem kalten Verstande, aber zu allen Sinnen ein katholisches Fest. Mitten vor dem Altar, an seinen untersten Stufen, kniete jedesmal, ganz isoliert von den andern, ein gemeiner Mensch, das Haupt auf die höheren Stufen gebückt, betend mit Inbrunst. Ihn quälte kein Zweifel, er *glaubt*. – Ich hatte eine unbeschreibliche Sehnsucht, mich neben ihm niederzuwerfen und zu weinen. – Ach, nur ein Tropfen Vergessenheit, und mit Wollust würde ich katholisch werden« (Kleist, II. 651). Dresden gehörte zu den Zentren der Rekatholisierung; aber es ist sonderbar, dass gerade die alten Meister der Dresdener Gemäldegalerie, vor allem Raffael und Correggio, das Interesse für den Katholizismus und das Verlangen nach ihm weckten. Für den Glauben ist die Kunst unsicheres Terrain; man denke nur an den streng gläubigen Dostojewski, der, ähnlich wie Friedrichs Zeitgenossen, bei jedem Besuch in Dresden stundenlang vor Raffaels Sixtinischer Madonna saß.

1 Ludwig Theobul Kosegarten, Pfarrer zu Altenkirchen auf Rügen, bat Friedrich (dessen Bilder er als einer der ersten zu sammeln begann), ein Altarbild für das in der Nähe gelegene Dörfchen Vitt zu malen. Er dachte vermutlich an ein Landschaftsbild, waren ihm doch die Werke des Malers vertraut und maß er selbst der Landschaft große Bedeutung für die Erbaulichkeit bei: In der Regel predigte er im Freien, den Rücken dem Meer zugewandt, in dem die Gläubigen mal Gott, mal »den großen Unbekannten« anbeteten. (Kosegarten benutzte die beiden Begriffe abwechselnd!) (vgl. Kosegarten, II. 85–9).

2 Schubert hielt 1807/08 in Dresden Vorträge über seine »Ansichten von der Nachtseite der Naturwissenschaften«. Unter den Zuhörern saßen Kleist, Adam Müller und vermutlich auch Friedrich, dessen eine frühe Sepiaserie Schubert in einem Vortrag eingehend analysierte. Schubert stand in Verbindung mit dem Münchener Franz von Baader, dem »Boehmius redivivus«, einem großen Verehrer Jakob Böhmes, und bestimmt machte er Baader auf Friedrich aufmerksam, den der Philosoph wegen der malerischen Lösung der »transsubstantisierten Natur« schätzte.

3 Ein verlorengegangenes Landschaftsbild Friedrichs trug den Titel *Ecce homo*.

4 Um die Wende vom 18. zum 19. Jahrhundert hielten deshalb Schelling oder Hegel die Beachtung der Luftperspektive für wichtiger als die Beachtung der Linienperspektive.

5 Gerade deshalb lehnt Lessing im *Laokoon* die Werke ab, die Andacht oder Gebet vorschreiben – und deshalb hat er auch nichts für die Landschaftsmalerei übrig.

6 Damit ist die Häufigkeit der sogenannten paarigen Bilder in Friedrichs Schaffen zu erklären. Obgleich jedes einzelne Bild ein geschlossenes Ganzes ist, hielt es der Maler für notwendig, zu seinen vielen Gemälden »Ergänzungs«bilder zu malen. Diese paarigen Bilder hängen nicht nur mit dem Zeitgeschmack zusammen, sie zeugen auch von einem Kunstideal, das gleichzeitig die konträrsten Züge des Lebens zeigen möchte. Manchmal ist der Kontrast unübersehbar: In der *Winterlandschaft* (BS/J 193) hinkt ein Mann an Krücken durch eine mit Baumstümpfen bedeckte, trostlose Schneewüste; auf dem Pendant,

Winterlandschaft mit Kirche (BS/J 194), ist der Mann wieder gesund, seine Genesung verdankt er dem Kreuz, vor dem er niedergesunken ist. Rundum immergrüne Nadelbäume, im Hintergrund eine schwebende Kathedrale – die Verheißung des ewigen Lebens. Weniger offensichtlich ist der Kontrast zwischen den beiden Bildern *Mondnacht an der Ostsee* (BS/J 238) und *Mondnacht mit Schiffen auf der Ostsee* (BS/J 239). Das erste stellt einen flachen Uferabschnitt mit Kähnen auf dem Wasser und mit trocknenden Netzen und Pfählen im Vordergrund dar: ein Meerestableau. Auf dem anderen Bild ist der Strand nicht zu sehen; auf der offenen See schwimmen merkwürdige Geisterschiffe. Den Mond umgeben gewölbeartig die Wolken, im Vordergrund ein Kahn mit Menschen. Man gewinnt den Eindruck, sie ruderten zu Böcklins *Toteninsel*. – Als paariges Gemälde waren auch die beiden Bilder *Der Mönch am Meer* (BS/J 168) und *Abtei im Eichwald* (BS/J 169) gedacht.

Der Nebel wird dichter

1 Goethes Haltung zu Friedrich war nicht immer feindselig. Zu den jährlichen Kunstpreisausschreibungen schickte 1805 auch der junge Friedrich einige Sepiabilder nach Weimar, und Goethe zeichnete sie aus. Mehrere Gemälde Friedrichs wurden in Weimar angekauft, und 1810 kam es im Dresdener Atelier zu einer persönlichen Begegnung zwischen dem Maler und Goethe. 1815/16 verschlechterte sich das Verhältnis zwischen ihnen; Goethe, der sich intensiv für die Wolken interessierte, schlug Friedrich ein gemeinsames Studium der atmosphärischen Erscheinungen auf naturwissenschaftlicher Grundlage vor, Friedrich lehnte aber ab, und danach sah Goethe ihn immer kritischer. Die große Abrechnung fand 1817 statt, als Goethe in *seiner Neudeutschen religios-patriotischen Kunst* die gesamte Romantik verurteilte, den früher von ihm so geschätzten Runge und Friedrich einbegriffen.

2 Dabei mag die gründliche Kenntnis der Dresdener Galerie eine Rolle gespielt haben. Im Museum wird offensichtlich, dass ein und dasselbe Thema von allen Epochen und allen Malern anders gemalt wird, dass also das Wesen der Malerei nicht im gewählten Gegenstand oder Thema zu suchen ist.

3 Friedrich hatte Vorgänger, wenn diese auch nicht so konsequent waren. Die Werke von Blake, Runge oder Asmus Jakob Carstens konnten ihm als Beispiel dafür dienen, dass in der Tiefe der Figurativität Impulse wach sind, die an keinerlei Gegenstand gekoppelt werden können. Blake versuchte, die Zeit und den Raum zu zeichnen; Runge, der sich eine »abstrakte malerische, phantastisch-musikalische Dichtung mit Chören« (Runge, 130) wünschte, hätte gern den Kosmos gemalt; Carstens zeichnete die Geburt des Lichtes und wollte die Illustrierung der Kritik der reinen Vernunft übernehmen.

4 Fichte baute in der *Wissenschaftslehre* seine Philosophie auf das absolute *Ich* auf. Das Ich, dessen grundlegendes Merkmal nach Fichte das Wissen von sich selbst ist, interpretiert und analysiert das gesamte Sein durch sein Wissen. Der Mensch muss ertragen, dass er mit seinem Bewusstsein in der Welt allein ist, und um sich selbst zu verwirklichen, muss er unendlich werden und muss er die Schranken der objektiven Welt umstürzen. Der »Widerspruch wäre nicht anders zu heben«, schreibt Fichte, »als dadurch, dass das Objekt überhaupt wegfiele; es fällt aber nicht weg, ausser in einer *vollendeten Unendlichkeit*. Das Ich kann das Objekt seines Strebens zur Unendlichkeit ausdehnen; wenn es nun in einem bestimmten Momente zur Unendlichkeit ausgedehnt wäre, so wäre es gar kein Objekt mehr, und die Idee der Unendlichkeit wäre realisiert, welches aber selbst ein *Widerspruch* ist. Dennoch schwebt die Idee einer solchen zu vollendenden Unendlichkeit in uns vor und ist im Innersten unseres Wesens enthalten. Wir sollen, laut der Anforderung desselben an uns, den Widerspruch lösen; ob wir seine Lösung gleich nicht als *möglich* denken können, und voraussehen, dass wir sie in keinem Momente unseres in alle Ewigkeit hinaus verlängerten Daseins werden als möglich denken können« (Fichte, 269–70). Eine Sammlung von Fichtes Schriften über den Widerspruch zwischen der objektiven Welt und der Unendlichkeitssehnsucht müsste, sofern das in Betracht käme, mit Werken Friedrichs »illustriert« werden. Fichte gehörte übrigens zum Kreis des Berliner Buchhändlers Andreas Reimer, der ein naher Bekannter und eifriger Sammler Friedrichs war. Zum Kreis um Reimer, der wie Friedrich aus Greifswald stammte, gehörten noch Schleiermacher, Görres, Ernst Moritz Arndt, die Brüder Grimm und gelegentlich auch Kleist

5 Vergessen wir nicht: Schopenhauer schrieb *Die Welt als Wille und Vorstellung*, worin er die Musik über alles stellt, zwischen 1814 und 1818 in Dresden – und es ist nicht ausgeschlossen, dass er durch seine Mutter, die Friedrich persönlich gut kannte, oder durch seinen engen Dresdener Freund, den Kunstkenner Johann Gottlieb Quandt (1787–1859) (vgl. Safranski, 294), der ein Gemälde von Friedrich besaß, ihn auch rezensierte und persönlich gut kannte, die Bilder unseres Malers kennenlernte.

6 Schubert wandte sich u. a. unter dem Eindruck Friedrichs der Symbolik der Natur zu.

7 Die deutlichsten Spuren der diese Unbestimmtheit bedeutenden Abstraktionen entdecken wir bei Friedrich in dem alles überziehenden Dunst, dem alles in einen einzigen Grundton tauchenden Mondlicht und vor allem im Nebel. Es ist kein Zufall, dass in vielen seiner Bilder nicht genau erkennbar ist, ob er eine Abend- oder eine Morgendämmerung malte.

8 Im Pietismus des 18. Jahrhunderts, dessen Lehren Friedrich ohne jeden Zweifel bekannt waren, ist der Nebel ein Zeichen der Entfernung von Gott und der Versuchung; er deutet auf die Dunkelheit des menschlichen Schicksals hin

9 In dieser Beziehung erinnern manche Gemälde Friedrichs auffällig an die klassischen chinesischen Landschaftsbilder (*Der Morgen* [BS/J 274], *Der Wanderer über dem Nebelmeer* [BS/J 250], *Ziehende Wolken* [BS/J 276]).

10 »Die frei gewordene Kunst«, schrieb Jakob Carstens kurz vor Friedrich, »der Stütze, aber auch zugleich des Zwanges der Religion enthoben, muß hinfort auf sich selbst ruhen« (zit. nach Neidhardt, 27).

11 Noch Goethe (*Von Arabesken*, 1789) sah darin nur »Zierrath« und betrachtete sie als »subordinierte Kunst« (Goethe, XLVII. 236, 239).

12 Novalis nannte die Arabeske »eigentliche sichtbare Musik« (Novalis, III. 559).

13 Kandinsky bezeichnete die abstrakte Malerei als »konkrete Malerei«. Schlegels Gedanke nimmt übrigens Kandinskys Überlegung vorweg, wenn man im geschriebenen Buchstaben nicht ein zweckmäßiges Zeichen suche, sondern ihn als Ding ohne Bedeutung betrachte, könne einem ein neues und bisher unbekanntes Erlebnis zuteilwerden

Der Todesengel

1 Das Bild *Abtei im Eichwald* (BS/J 169), das die Klosterruine Eldena darstellt, machte auf Friedrich Wilhelm IV. einen solchen Eindruck, dass er die Ruine in den 1830er Jahren im Geist des Bildes umbauen ließ (vgl. Möbius, 10).

2 Z. B. *Winterlandschaft mit Kirche* (BS/J 194), *Das Kreuz im Gebirge* (BS/J 167), *Vision der christlichen Kirche* (BS/J 202), *Die Kathedrale* (BS/J 231).

3 Das »Gefühl, worauf die Religion der neuen Zeit beruht – das Gefühl: Gott selbst ist tot«, schreibt der junge Hegel (Hegel, 433).

4 Die leidenschaftlichste Klage über den Tod Gottes ist in Jean Pauls Roman *Siehenkäs* (1796/97) zu lesen; in einem Einschub spricht der tote Christus darüber, dass es Gott nicht gebe: »ich ging durch die Welten, ich stieg in die Sonnen und flog mit den Milchstraßen durch die Wüsten des Himmels; aber es ist kein Gott. Ich stieg herab soweit das Sein seine Schatten wirft, und schauete in den Abgrund und rief: ›Vater, wo bist du?‹ aber ich hörte nur den ewigen Sturm, den niemand regiert, und der schimmernde Regenbogen aus Wesen stand ohne eine Sonne, die ihn schuf, über dem Abgrunde und tropfte hinunter. Und als ich aufblickte zur unermeßlichen Welt nach dem göttlichen *Auge*, starrte sie mich mit einer leeren bodenlosen *Augenhöhle* an; und die Ewigkeit lag auf dem Chaos und zernagte es und wiederkäuete sich. – Schreiet fort, Mißtöne, zerschreiet die Schatten; denn Er ist nicht!« (Jean Paul, 269)

»Ungebändigten Sehnens Pein« (Parsifal)

1 Die Friedrich'sche Melancholie des unstillbaren Sehnens erinnert sowohl an den bis zum Paroxysmus gesteigerten Selbstgenuss Kleists als auch an die stetige und endlose Eigenbewegung des Hegelschen absoluten Geistes.

Das unsichtbare Licht

1 Es sagt viel, dass Friedrich auch mit fertigen Schablonen arbeitete; manche Motive seiner Bilder kopierte er oft nur auf die Leinwand.

2 Auch Fichte, der sich ebenfalls eingehend mit dem Urbild befasste, brachte es mit dem Sehnen, dem Unendlichkeitsgefühl in Verbindung.

3 Auf den beiden Atelierfenster-Zeichnungen hat Friedrich diesen Unterschied mit den geöffneten unteren und den geschlossenen oberen Fensterflügeln veranschaulicht.

4 Zu Beginn des 20. Jahrhunderts entdeckten die Kunsthistoriker in Friedrich einen Vorläufer des Impressionismus. Dem ist kaum zuzustimmen. Während es den Impressionisten bei der Lichtbehandlung um die Bewahrung sinnlicher Eindrücke geht, ist sie bei Friedrich metaphysisch und keineswegs darauf gerichtet, einen sinnlichen Anblick zu erfassen.

5 Friedrich hat diese Ausdeutung der Komposition von *Neubrandenburg* (BS/J 225) später vertieft und achtzehn Jahre später, 1835, in einem unvollendet gebliebenen Bild (*Sonnenaufgang bei Neubrandenburg* [BS/J 427]) die brennende Kirche gemalt.

6 Eine Generation später sah Turners enthusiastischster Anhänger, John Ruskin, die wichtigste Aufgabe der neueren Landschaftsmalerei in der Darstellung von Wolken.

7 Einmal hatte der Protestant Friedrich ein so tiefes Naturerlebnis, dass er unter seinem Eindruck »das Abendmahl genommen hat«.

8 In der Geschichte der Visionen ist es keine Seltenheit, dass Jesus als leuchtendes Licht erscheint (Matthäus 17,2; Offenbarung 1,16); zudem begegnet Christus dem Paulus vor Damaskus als Lichtvision, und Ignatius von Loyola identifizierte, in ekstatischem Zustand, Christus mit der Sonne.

Die Nacht sinkt herab

1 Dabei dürfte es kein Zufall sein, dass Friedrich eine Vorliebe für das Lasieren, das Lavieren und die Sepiatechnik hatte.

2 Nach der urchristlichen Deutung hätte er in ihm ebenso gut ein Symbol der Kirche und Marias entdecken können.

3 Gestützt wird das von einem nicht mehr vorhandenen Gemälde Friedrichs aus dem Jahr 1836, *Eule vor dem Mond* (BS/J 267). Es zeigt nur den gelben Mond, in den eine Eule, Botin des Todes, fliegt. Friedrich malte auch ein Bild *Felsen in Wolken mit Eulen und Fledermäusen* (BS/J 232), das nach eigener Aussage eine Mondlandschaft darstellte.

4 In den orphischen Mysterien wurde der Mond – Selene – auch als Todesgöttin verehrt, und in Rom entsprach er Proserpina, der chthonischen Göttin der Mysterien bzw. in der Kaiserzeit der Göttin der Friedhöfe und Gräber.

5 Zu Freunden sagte Friedrich, wenn die Menschen nach ihrem Tod auf einen anderen Planeten kämen, dann käme er bestimmt auf den Mond. Ein besonderes Kapitel ist es, dass er in manchen Bildern (*Abtei im Eichwald* [BS/J 169], *Schwäne im Schilf* [BS/J 266], *Mann und Frau den Mond betrachtend* [BS/J 404]) die Sichel des zunehmenden Mondes malte. Wenn der Neumond die von Christus verlassene Nacht bedeutet, dann bietet dies einige Hoffnung – doch sei hier auf den alten deutschen Sprachgebrauch hingewiesen, die erste sichtbare Sichel des zunehmenden Mondes als Neumond zu bezeichnen. Es sind dies Bilder der völligen nächtlichen Verlassenheit.

6 Die Orphiker nannten Selene auch Pandia, die alles beleuchtende Göttin.

7 In einem Brief an den Naturphilosophen Schubert schrieb Franz von Baader: »Nur der Schmerz ist der Conductor des Göttlichen hienieden, nur die Höllenangst ist die Geburtsstätte (Geburtswehen) und Matrix des Himmels« (Baader, XV. 239).